MONTHLY BILL PLANNER FOR :

Bill Payment	Date Due	Amount Due	Date Paid	Paid	Notes
				Yes ◯ No ◯	
				Yes ◯ No ◯	
				Yes ◯ No ◯	
				Yes ◯ No ◯	
				Yes ◯ No ◯	
				Yes ◯ No ◯	
				Yes ◯ No ◯	
				Yes ◯ No ◯	
				Yes ◯ No ◯	
				Yes ◯ No ◯	
				Yes ◯ No ◯	
				Yes ◯ No ◯	
				Yes ◯ No ◯	
				Yes ◯ No ◯	
				Yes ◯ No ◯	
				Yes ◯ No ◯	
				Yes ◯ No ◯	
				Yes ◯ No ◯	
				Yes ◯ No ◯	
				Yes ◯ No ◯	
				Yes ◯ No ◯	
				Yes ◯ No ◯	
				Yes ◯ No ◯	
				Yes ◯ No ◯	
				Yes ◯ No ◯	
				Yes ◯ No ◯	
				Yes ◯ No ◯	
				Yes ◯ No ◯	
				Yes ◯ No ◯	
				Yes ◯ No ◯	

ONE TIME EXPENSE FOR :

Bill Payment	Date Due	Amount Due	Date Paid	Paid	Notes
				Yes ◯ No ◯	
				Yes ◯ No ◯	
				Yes ◯ No ◯	
				Yes ◯ No ◯	
				Yes ◯ No ◯	
				Yes ◯ No ◯	
				Yes ◯ No ◯	
				Yes ◯ No ◯	
				Yes ◯ No ◯	
				Yes ◯ No ◯	
				Yes ◯ No ◯	
				Yes ◯ No ◯	
				Yes ◯ No ◯	
				Yes ◯ No ◯	
				Yes ◯ No ◯	
				Yes ◯ No ◯	
				Yes ◯ No ◯	
				Yes ◯ No ◯	
				Yes ◯ No ◯	
				Yes ◯ No ◯	
				Yes ◯ No ◯	
				Yes ◯ No ◯	
				Yes ◯ No ◯	
				Yes ◯ No ◯	
				Yes ◯ No ◯	
				Yes ◯ No ◯	
				Yes ◯ No ◯	
				Yes ◯ No ◯	
				Yes ◯ No ◯	
				Yes ◯ No ◯	
				Yes ◯ No ◯	

MONTHLY BILL PLANNER FOR :

Bill Payment	Date Due	Amount Due	Date Paid	Paid	Notes
				Yes◯No◯	
				Yes◯No◯	
				Yes◯No◯	
				Yes◯No◯	
				Yes◯No◯	
				Yes◯No◯	
				Yes◯No◯	
				Yes◯No◯	
				Yes◯No◯	
				Yes◯No◯	
				Yes◯No◯	
				Yes◯No◯	
				Yes◯No◯	
				Yes◯No◯	
				Yes◯No◯	
				Yes◯No◯	
				Yes◯No◯	
				Yes◯No◯	
				Yes◯No◯	
				Yes◯No◯	
				Yes◯No◯	
				Yes◯No◯	
				Yes◯No◯	
				Yes◯No◯	
				Yes◯No◯	
				Yes◯No◯	
				Yes◯No◯	
				Yes◯No◯	
				Yes◯No◯	

ONE TIME EXPENSE FOR :

Bill Payment	Date Due	Amount Due	Date Paid	Paid	Notes
				Yes ◯ No ◯	
				Yes ◯ No ◯	
				Yes ◯ No ◯	
				Yes ◯ No ◯	
				Yes ◯ No ◯	
				Yes ◯ No ◯	
				Yes ◯ No ◯	
				Yes ◯ No ◯	
				Yes ◯ No ◯	
				Yes ◯ No ◯	
				Yes ◯ No ◯	
				Yes ◯ No ◯	
				Yes ◯ No ◯	
				Yes ◯ No ◯	
				Yes ◯ No ◯	
				Yes ◯ No ◯	
				Yes ◯ No ◯	
				Yes ◯ No ◯	
				Yes ◯ No ◯	
				Yes ◯ No ◯	
				Yes ◯ No ◯	
				Yes ◯ No ◯	
				Yes ◯ No ◯	
				Yes ◯ No ◯	
				Yes ◯ No ◯	
				Yes ◯ No ◯	
				Yes ◯ No ◯	
				Yes ◯ No ◯	
				Yes ◯ No ◯	
				Yes ◯ No ◯	
				Yes ◯ No ◯	
				Yes ◯ No ◯	

MONTHLY BILL PLANNER FOR :

Bill Payment	Date Due	Amount Due	Date Paid	Paid	Notes
				Yes◯No◯	
				Yes◯No◯	
				Yes◯No◯	
				Yes◯No◯	
				Yes◯No◯	
				Yes◯No◯	
				Yes◯No◯	
				Yes◯No◯	
				Yes◯No◯	
				Yes◯No◯	
				Yes◯No◯	
				Yes◯No◯	
				Yes◯No◯	
				Yes◯No◯	
				Yes◯No◯	
				Yes◯No◯	
				Yes◯No◯	
				Yes◯No◯	
				Yes◯No◯	
				Yes◯No◯	
				Yes◯No◯	
				Yes◯No◯	
				Yes◯No◯	
				Yes◯No◯	
				Yes◯No◯	
				Yes◯No◯	
				Yes◯No◯	
				Yes◯No◯	
				Yes◯No◯	

ONE TIME EXPENSE FOR :

Bill Payment	Date Due	Amount Due	Date Paid	Paid	Notes
				Yes ◯ No ◯	
				Yes ◯ No ◯	
				Yes ◯ No ◯	
				Yes ◯ No ◯	
				Yes ◯ No ◯	
				Yes ◯ No ◯	
				Yes ◯ No ◯	
				Yes ◯ No ◯	
				Yes ◯ No ◯	
				Yes ◯ No ◯	
				Yes ◯ No ◯	
				Yes ◯ No ◯	
				Yes ◯ No ◯	
				Yes ◯ No ◯	
				Yes ◯ No ◯	
				Yes ◯ No ◯	
				Yes ◯ No ◯	
				Yes ◯ No ◯	
				Yes ◯ No ◯	
				Yes ◯ No ◯	
				Yes ◯ No ◯	
				Yes ◯ No ◯	
				Yes ◯ No ◯	
				Yes ◯ No ◯	
				Yes ◯ No ◯	
				Yes ◯ No ◯	
				Yes ◯ No ◯	
				Yes ◯ No ◯	
				Yes ◯ No ◯	
				Yes ◯ No ◯	

MONTHLY BILL PLANNER FOR :

Bill Payment	Date Due	Amount Due	Date Paid	Paid	Notes
				Yes ◯ No ◯	
				Yes ◯ No ◯	
				Yes ◯ No ◯	
				Yes ◯ No ◯	
				Yes ◯ No ◯	
				Yes ◯ No ◯	
				Yes ◯ No ◯	
				Yes ◯ No ◯	
				Yes ◯ No ◯	
				Yes ◯ No ◯	
				Yes ◯ No ◯	
				Yes ◯ No ◯	
				Yes ◯ No ◯	
				Yes ◯ No ◯	
				Yes ◯ No ◯	
				Yes ◯ No ◯	
				Yes ◯ No ◯	
				Yes ◯ No ◯	
				Yes ◯ No ◯	
				Yes ◯ No ◯	
				Yes ◯ No ◯	
				Yes ◯ No ◯	
				Yes ◯ No ◯	
				Yes ◯ No ◯	
				Yes ◯ No ◯	
				Yes ◯ No ◯	
				Yes ◯ No ◯	
				Yes ◯ No ◯	
				Yes ◯ No ◯	
				Yes ◯ No ◯	
				Yes ◯ No ◯	
				Yes ◯ No ◯	
				Yes ◯ No ◯	

ONE TIME EXPENSE FOR :

Bill Payment	Date Due	Amount Due	Date Paid	Paid	Notes
				Yes ◯ No ◯	
				Yes ◯ No ◯	
				Yes ◯ No ◯	
				Yes ◯ No ◯	
				Yes ◯ No ◯	
				Yes ◯ No ◯	
				Yes ◯ No ◯	
				Yes ◯ No ◯	
				Yes ◯ No ◯	
				Yes ◯ No ◯	
				Yes ◯ No ◯	
				Yes ◯ No ◯	
				Yes ◯ No ◯	
				Yes ◯ No ◯	
				Yes ◯ No ◯	
				Yes ◯ No ◯	
				Yes ◯ No ◯	
				Yes ◯ No ◯	
				Yes ◯ No ◯	
				Yes ◯ No ◯	
				Yes ◯ No ◯	
				Yes ◯ No ◯	
				Yes ◯ No ◯	
				Yes ◯ No ◯	
				Yes ◯ No ◯	
				Yes ◯ No ◯	
				Yes ◯ No ◯	
				Yes ◯ No ◯	
				Yes ◯ No ◯	
				Yes ◯ No ◯	

MONTHLY BILL PLANNER FOR :

Bill Payment	Date Due	Amount Due	Date Paid	Paid	Notes
				Yes ○ No ○	
				Yes ○ No ○	
				Yes ○ No ○	
				Yes ○ No ○	
				Yes ○ No ○	
				Yes ○ No ○	
				Yes ○ No ○	
				Yes ○ No ○	
				Yes ○ No ○	
				Yes ○ No ○	
				Yes ○ No ○	
				Yes ○ No ○	
				Yes ○ No ○	
				Yes ○ No ○	
				Yes ○ No ○	
				Yes ○ No ○	
				Yes ○ No ○	
				Yes ○ No ○	
				Yes ○ No ○	
				Yes ○ No ○	
				Yes ○ No ○	
				Yes ○ No ○	
				Yes ○ No ○	
				Yes ○ No ○	
				Yes ○ No ○	
				Yes ○ No ○	
				Yes ○ No ○	
				Yes ○ No ○	
				Yes ○ No ○	
				Yes ○ No ○	

ONE TIME EXPENSE FOR :

Bill Payment	Date Due	Amount Due	Date Paid	Paid	Notes
				Yes ◯ No ◯	
				Yes ◯ No ◯	
				Yes ◯ No ◯	
				Yes ◯ No ◯	
				Yes ◯ No ◯	
				Yes ◯ No ◯	
				Yes ◯ No ◯	
				Yes ◯ No ◯	
				Yes ◯ No ◯	
				Yes ◯ No ◯	
				Yes ◯ No ◯	
				Yes ◯ No ◯	
				Yes ◯ No ◯	
				Yes ◯ No ◯	
				Yes ◯ No ◯	
				Yes ◯ No ◯	
				Yes ◯ No ◯	
				Yes ◯ No ◯	
				Yes ◯ No ◯	
				Yes ◯ No ◯	
				Yes ◯ No ◯	
				Yes ◯ No ◯	
				Yes ◯ No ◯	
				Yes ◯ No ◯	
				Yes ◯ No ◯	
				Yes ◯ No ◯	
				Yes ◯ No ◯	
				Yes ◯ No ◯	
				Yes ◯ No ◯	
				Yes ◯ No ◯	

MONTHLY BILL PLANNER FOR :

Bill Payment	Date Due	Amount Due	Date Paid	Paid	Notes
				Yes ◯ No ◯	
				Yes ◯ No ◯	
				Yes ◯ No ◯	
				Yes ◯ No ◯	
				Yes ◯ No ◯	
				Yes ◯ No ◯	
				Yes ◯ No ◯	
				Yes ◯ No ◯	
				Yes ◯ No ◯	
				Yes ◯ No ◯	
				Yes ◯ No ◯	
				Yes ◯ No ◯	
				Yes ◯ No ◯	
				Yes ◯ No ◯	
				Yes ◯ No ◯	
				Yes ◯ No ◯	
				Yes ◯ No ◯	
				Yes ◯ No ◯	
				Yes ◯ No ◯	
				Yes ◯ No ◯	
				Yes ◯ No ◯	
				Yes ◯ No ◯	
				Yes ◯ No ◯	
				Yes ◯ No ◯	
				Yes ◯ No ◯	
				Yes ◯ No ◯	
				Yes ◯ No ◯	
				Yes ◯ No ◯	
				Yes ◯ No ◯	
				Yes ◯ No ◯	
				Yes ◯ No ◯	

ONE TIME EXPENSE FOR :

Bill Payment	Date Due	Amount Due	Date Paid	Paid	Notes
				Yes ◯ No ◯	
				Yes ◯ No ◯	
				Yes ◯ No ◯	
				Yes ◯ No ◯	
				Yes ◯ No ◯	
				Yes ◯ No ◯	
				Yes ◯ No ◯	
				Yes ◯ No ◯	
				Yes ◯ No ◯	
				Yes ◯ No ◯	
				Yes ◯ No ◯	
				Yes ◯ No ◯	
				Yes ◯ No ◯	
				Yes ◯ No ◯	
				Yes ◯ No ◯	
				Yes ◯ No ◯	
				Yes ◯ No ◯	
				Yes ◯ No ◯	
				Yes ◯ No ◯	
				Yes ◯ No ◯	
				Yes ◯ No ◯	
				Yes ◯ No ◯	
				Yes ◯ No ◯	
				Yes ◯ No ◯	
				Yes ◯ No ◯	
				Yes ◯ No ◯	
				Yes ◯ No ◯	
				Yes ◯ No ◯	
				Yes ◯ No ◯	
				Yes ◯ No ◯	
				Yes ◯ No ◯	
				Yes ◯ No ◯	

MONTHLY BILL PLANNER FOR :

Bill Payment	Date Due	Amount Due	Date Paid	Paid	Notes
				Yes ◯ No ◯	
				Yes ◯ No ◯	
				Yes ◯ No ◯	
				Yes ◯ No ◯	
				Yes ◯ No ◯	
				Yes ◯ No ◯	
				Yes ◯ No ◯	
				Yes ◯ No ◯	
				Yes ◯ No ◯	
				Yes ◯ No ◯	
				Yes ◯ No ◯	
				Yes ◯ No ◯	
				Yes ◯ No ◯	
				Yes ◯ No ◯	
				Yes ◯ No ◯	
				Yes ◯ No ◯	
				Yes ◯ No ◯	
				Yes ◯ No ◯	
				Yes ◯ No ◯	
				Yes ◯ No ◯	
				Yes ◯ No ◯	
				Yes ◯ No ◯	
				Yes ◯ No ◯	
				Yes ◯ No ◯	
				Yes ◯ No ◯	
				Yes ◯ No ◯	
				Yes ◯ No ◯	
				Yes ◯ No ◯	
				Yes ◯ No ◯	
				Yes ◯ No ◯	
				Yes ◯ No ◯	

ONE TIME EXPENSE FOR :

Bill Payment	Date Due	Amount Due	Date Paid	Paid	Notes
				Yes ○ No ○	
				Yes ○ No ○	
				Yes ○ No ○	
				Yes ○ No ○	
				Yes ○ No ○	
				Yes ○ No ○	
				Yes ○ No ○	
				Yes ○ No ○	
				Yes ○ No ○	
				Yes ○ No ○	
				Yes ○ No ○	
				Yes ○ No ○	
				Yes ○ No ○	
				Yes ○ No ○	
				Yes ○ No ○	
				Yes ○ No ○	
				Yes ○ No ○	
				Yes ○ No ○	
				Yes ○ No ○	
				Yes ○ No ○	
				Yes ○ No ○	
				Yes ○ No ○	
				Yes ○ No ○	
				Yes ○ No ○	
				Yes ○ No ○	
				Yes ○ No ○	
				Yes ○ No ○	
				Yes ○ No ○	
				Yes ○ No ○	
				Yes ○ No ○	
				Yes ○ No ○	

MONTHLY BILL PLANNER FOR :

Bill Payment	Date Due	Amount Due	Date Paid	Paid	Notes
				Yes ◯ No ◯	
				Yes ◯ No ◯	
				Yes ◯ No ◯	
				Yes ◯ No ◯	
				Yes ◯ No ◯	
				Yes ◯ No ◯	
				Yes ◯ No ◯	
				Yes ◯ No ◯	
				Yes ◯ No ◯	
				Yes ◯ No ◯	
				Yes ◯ No ◯	
				Yes ◯ No ◯	
				Yes ◯ No ◯	
				Yes ◯ No ◯	
				Yes ◯ No ◯	
				Yes ◯ No ◯	
				Yes ◯ No ◯	
				Yes ◯ No ◯	
				Yes ◯ No ◯	
				Yes ◯ No ◯	
				Yes ◯ No ◯	
				Yes ◯ No ◯	
				Yes ◯ No ◯	
				Yes ◯ No ◯	
				Yes ◯ No ◯	
				Yes ◯ No ◯	
				Yes ◯ No ◯	
				Yes ◯ No ◯	
				Yes ◯ No ◯	
				Yes ◯ No ◯	
				Yes ◯ No ◯	

ONE TIME EXPENSE FOR :

Bill Payment	Date Due	Amount Due	Date Paid	Paid	Notes
				Yes ◯ No ◯	
				Yes ◯ No ◯	
				Yes ◯ No ◯	
				Yes ◯ No ◯	
				Yes ◯ No ◯	
				Yes ◯ No ◯	
				Yes ◯ No ◯	
				Yes ◯ No ◯	
				Yes ◯ No ◯	
				Yes ◯ No ◯	
				Yes ◯ No ◯	
				Yes ◯ No ◯	
				Yes ◯ No ◯	
				Yes ◯ No ◯	
				Yes ◯ No ◯	
				Yes ◯ No ◯	
				Yes ◯ No ◯	
				Yes ◯ No ◯	
				Yes ◯ No ◯	
				Yes ◯ No ◯	
				Yes ◯ No ◯	
				Yes ◯ No ◯	
				Yes ◯ No ◯	
				Yes ◯ No ◯	
				Yes ◯ No ◯	
				Yes ◯ No ◯	
				Yes ◯ No ◯	
				Yes ◯ No ◯	
				Yes ◯ No ◯	
				Yes ◯ No ◯	

MONTHLY BILL PLANNER FOR :

Bill Payment	Date Due	Amount Due	Date Paid	Paid	Notes
				Yes ◯ No ◯	
				Yes ◯ No ◯	
				Yes ◯ No ◯	
				Yes ◯ No ◯	
				Yes ◯ No ◯	
				Yes ◯ No ◯	
				Yes ◯ No ◯	
				Yes ◯ No ◯	
				Yes ◯ No ◯	
				Yes ◯ No ◯	
				Yes ◯ No ◯	
				Yes ◯ No ◯	
				Yes ◯ No ◯	
				Yes ◯ No ◯	
				Yes ◯ No ◯	
				Yes ◯ No ◯	
				Yes ◯ No ◯	
				Yes ◯ No ◯	
				Yes ◯ No ◯	
				Yes ◯ No ◯	
				Yes ◯ No ◯	
				Yes ◯ No ◯	
				Yes ◯ No ◯	
				Yes ◯ No ◯	
				Yes ◯ No ◯	
				Yes ◯ No ◯	
				Yes ◯ No ◯	
				Yes ◯ No ◯	
				Yes ◯ No ◯	
				Yes ◯ No ◯	

ONE TIME EXPENSE FOR :

Bill Payment	Date Due	Amount Due	Date Paid	Paid	Notes
				Yes ◯ No ◯	
				Yes ◯ No ◯	
				Yes ◯ No ◯	
				Yes ◯ No ◯	
				Yes ◯ No ◯	
				Yes ◯ No ◯	
				Yes ◯ No ◯	
				Yes ◯ No ◯	
				Yes ◯ No ◯	
				Yes ◯ No ◯	
				Yes ◯ No ◯	
				Yes ◯ No ◯	
				Yes ◯ No ◯	
				Yes ◯ No ◯	
				Yes ◯ No ◯	
				Yes ◯ No ◯	
				Yes ◯ No ◯	
				Yes ◯ No ◯	
				Yes ◯ No ◯	
				Yes ◯ No ◯	
				Yes ◯ No ◯	
				Yes ◯ No ◯	
				Yes ◯ No ◯	
				Yes ◯ No ◯	
				Yes ◯ No ◯	
				Yes ◯ No ◯	
				Yes ◯ No ◯	
				Yes ◯ No ◯	
				Yes ◯ No ◯	
				Yes ◯ No ◯	
				Yes ◯ No ◯	

MONTHLY BILL PLANNER FOR :

Bill Payment	Date Due	Amount Due	Date Paid	Paid	Notes
				Yes ◯ No ◯	
				Yes ◯ No ◯	
				Yes ◯ No ◯	
				Yes ◯ No ◯	
				Yes ◯ No ◯	
				Yes ◯ No ◯	
				Yes ◯ No ◯	
				Yes ◯ No ◯	
				Yes ◯ No ◯	
				Yes ◯ No ◯	
				Yes ◯ No ◯	
				Yes ◯ No ◯	
				Yes ◯ No ◯	
				Yes ◯ No ◯	
				Yes ◯ No ◯	
				Yes ◯ No ◯	
				Yes ◯ No ◯	
				Yes ◯ No ◯	
				Yes ◯ No ◯	
				Yes ◯ No ◯	
				Yes ◯ No ◯	
				Yes ◯ No ◯	
				Yes ◯ No ◯	
				Yes ◯ No ◯	
				Yes ◯ No ◯	
				Yes ◯ No ◯	
				Yes ◯ No ◯	
				Yes ◯ No ◯	
				Yes ◯ No ◯	
				Yes ◯ No ◯	

ONE TIME EXPENSE FOR :

Bill Payment	Date Due	Amount Due	Date Paid	Paid	Notes
				Yes ◯ No ◯	
				Yes ◯ No ◯	
				Yes ◯ No ◯	
				Yes ◯ No ◯	
				Yes ◯ No ◯	
				Yes ◯ No ◯	
				Yes ◯ No ◯	
				Yes ◯ No ◯	
				Yes ◯ No ◯	
				Yes ◯ No ◯	
				Yes ◯ No ◯	
				Yes ◯ No ◯	
				Yes ◯ No ◯	
				Yes ◯ No ◯	
				Yes ◯ No ◯	
				Yes ◯ No ◯	
				Yes ◯ No ◯	
				Yes ◯ No ◯	
				Yes ◯ No ◯	
				Yes ◯ No ◯	
				Yes ◯ No ◯	
				Yes ◯ No ◯	
				Yes ◯ No ◯	
				Yes ◯ No ◯	
				Yes ◯ No ◯	
				Yes ◯ No ◯	
				Yes ◯ No ◯	
				Yes ◯ No ◯	
				Yes ◯ No ◯	

MONTHLY BILL PLANNER FOR :

Bill Payment	Date Due	Amount Due	Date Paid	Paid	Notes
				Yes ◯ No ◯	
				Yes ◯ No ◯	
				Yes ◯ No ◯	
				Yes ◯ No ◯	
				Yes ◯ No ◯	
				Yes ◯ No ◯	
				Yes ◯ No ◯	
				Yes ◯ No ◯	
				Yes ◯ No ◯	
				Yes ◯ No ◯	
				Yes ◯ No ◯	
				Yes ◯ No ◯	
				Yes ◯ No ◯	
				Yes ◯ No ◯	
				Yes ◯ No ◯	
				Yes ◯ No ◯	
				Yes ◯ No ◯	
				Yes ◯ No ◯	
				Yes ◯ No ◯	
				Yes ◯ No ◯	
				Yes ◯ No ◯	
				Yes ◯ No ◯	
				Yes ◯ No ◯	
				Yes ◯ No ◯	
				Yes ◯ No ◯	
				Yes ◯ No ◯	
				Yes ◯ No ◯	
				Yes ◯ No ◯	
				Yes ◯ No ◯	
				Yes ◯ No ◯	

ONE TIME EXPENSE FOR :

Bill Payment	Date Due	Amount Due	Date Paid	Paid	Notes
				Yes ◯ No ◯	
				Yes ◯ No ◯	
				Yes ◯ No ◯	
				Yes ◯ No ◯	
				Yes ◯ No ◯	
				Yes ◯ No ◯	
				Yes ◯ No ◯	
				Yes ◯ No ◯	
				Yes ◯ No ◯	
				Yes ◯ No ◯	
				Yes ◯ No ◯	
				Yes ◯ No ◯	
				Yes ◯ No ◯	
				Yes ◯ No ◯	
				Yes ◯ No ◯	
				Yes ◯ No ◯	
				Yes ◯ No ◯	
				Yes ◯ No ◯	
				Yes ◯ No ◯	
				Yes ◯ No ◯	
				Yes ◯ No ◯	
				Yes ◯ No ◯	
				Yes ◯ No ◯	
				Yes ◯ No ◯	
				Yes ◯ No ◯	
				Yes ◯ No ◯	
				Yes ◯ No ◯	
				Yes ◯ No ◯	
				Yes ◯ No ◯	
				Yes ◯ No ◯	
				Yes ◯ No ◯	
				Yes ◯ No ◯	

MONTHLY BILL PLANNER FOR :

Bill Payment	Date Due	Amount Due	Date Paid	Paid	Notes
				Yes ◯ No ◯	
				Yes ◯ No ◯	
				Yes ◯ No ◯	
				Yes ◯ No ◯	
				Yes ◯ No ◯	
				Yes ◯ No ◯	
				Yes ◯ No ◯	
				Yes ◯ No ◯	
				Yes ◯ No ◯	
				Yes ◯ No ◯	
				Yes ◯ No ◯	
				Yes ◯ No ◯	
				Yes ◯ No ◯	
				Yes ◯ No ◯	
				Yes ◯ No ◯	
				Yes ◯ No ◯	
				Yes ◯ No ◯	
				Yes ◯ No ◯	
				Yes ◯ No ◯	
				Yes ◯ No ◯	
				Yes ◯ No ◯	
				Yes ◯ No ◯	
				Yes ◯ No ◯	
				Yes ◯ No ◯	
				Yes ◯ No ◯	
				Yes ◯ No ◯	
				Yes ◯ No ◯	
				Yes ◯ No ◯	
				Yes ◯ No ◯	
				Yes ◯ No ◯	
				Yes ◯ No ◯	
				Yes ◯ No ◯	

ONE TIME EXPENSE FOR :

Bill Payment	Date Due	Amount Due	Date Paid	Paid	Notes
				Yes ◯ No ◯	
				Yes ◯ No ◯	
				Yes ◯ No ◯	
				Yes ◯ No ◯	
				Yes ◯ No ◯	
				Yes ◯ No ◯	
				Yes ◯ No ◯	
				Yes ◯ No ◯	
				Yes ◯ No ◯	
				Yes ◯ No ◯	
				Yes ◯ No ◯	
				Yes ◯ No ◯	
				Yes ◯ No ◯	
				Yes ◯ No ◯	
				Yes ◯ No ◯	
				Yes ◯ No ◯	
				Yes ◯ No ◯	
				Yes ◯ No ◯	
				Yes ◯ No ◯	
				Yes ◯ No ◯	
				Yes ◯ No ◯	
				Yes ◯ No ◯	
				Yes ◯ No ◯	
				Yes ◯ No ◯	
				Yes ◯ No ◯	
				Yes ◯ No ◯	
				Yes ◯ No ◯	
				Yes ◯ No ◯	
				Yes ◯ No ◯	
				Yes ◯ No ◯	
				Yes ◯ No ◯	
				Yes ◯ No ◯	
				Yes ◯ No ◯	

MONTHLY BILL PLANNER FOR :

Bill Payment	Date Due	Amount Due	Date Paid	Paid	Notes
				Yes ◯ No ◯	
				Yes ◯ No ◯	
				Yes ◯ No ◯	
				Yes ◯ No ◯	
				Yes ◯ No ◯	
				Yes ◯ No ◯	
				Yes ◯ No ◯	
				Yes ◯ No ◯	
				Yes ◯ No ◯	
				Yes ◯ No ◯	
				Yes ◯ No ◯	
				Yes ◯ No ◯	
				Yes ◯ No ◯	
				Yes ◯ No ◯	
				Yes ◯ No ◯	
				Yes ◯ No ◯	
				Yes ◯ No ◯	
				Yes ◯ No ◯	
				Yes ◯ No ◯	
				Yes ◯ No ◯	
				Yes ◯ No ◯	
				Yes ◯ No ◯	
				Yes ◯ No ◯	
				Yes ◯ No ◯	
				Yes ◯ No ◯	
				Yes ◯ No ◯	
				Yes ◯ No ◯	
				Yes ◯ No ◯	
				Yes ◯ No ◯	
				Yes ◯ No ◯	

ONE TIME EXPENSE FOR :

Bill Payment	Date Due	Amount Due	Date Paid	Paid	Notes
				Yes ◯ No ◯	
				Yes ◯ No ◯	
				Yes ◯ No ◯	
				Yes ◯ No ◯	
				Yes ◯ No ◯	
				Yes ◯ No ◯	
				Yes ◯ No ◯	
				Yes ◯ No ◯	
				Yes ◯ No ◯	
				Yes ◯ No ◯	
				Yes ◯ No ◯	
				Yes ◯ No ◯	
				Yes ◯ No ◯	
				Yes ◯ No ◯	
				Yes ◯ No ◯	
				Yes ◯ No ◯	
				Yes ◯ No ◯	
				Yes ◯ No ◯	
				Yes ◯ No ◯	
				Yes ◯ No ◯	
				Yes ◯ No ◯	
				Yes ◯ No ◯	
				Yes ◯ No ◯	
				Yes ◯ No ◯	
				Yes ◯ No ◯	
				Yes ◯ No ◯	
				Yes ◯ No ◯	
				Yes ◯ No ◯	
				Yes ◯ No ◯	
				Yes ◯ No ◯	
				Yes ◯ No ◯	

MONTHLY BILL PLANNER FOR :

Bill Payment	Date Due	Amount Due	Date Paid	Paid	Notes
				Yes ○ No ○	
				Yes ○ No ○	
				Yes ○ No ○	
				Yes ○ No ○	
				Yes ○ No ○	
				Yes ○ No ○	
				Yes ○ No ○	
				Yes ○ No ○	
				Yes ○ No ○	
				Yes ○ No ○	
				Yes ○ No ○	
				Yes ○ No ○	
				Yes ○ No ○	
				Yes ○ No ○	
				Yes ○ No ○	
				Yes ○ No ○	
				Yes ○ No ○	
				Yes ○ No ○	
				Yes ○ No ○	
				Yes ○ No ○	
				Yes ○ No ○	
				Yes ○ No ○	
				Yes ○ No ○	
				Yes ○ No ○	
				Yes ○ No ○	
				Yes ○ No ○	
				Yes ○ No ○	
				Yes ○ No ○	
				Yes ○ No ○	
				Yes ○ No ○	
				Yes ○ No ○	

ONE TIME EXPENSE FOR :

Bill Payment	Date Due	Amount Due	Date Paid	Paid	Notes
				Yes ◯ No ◯	
				Yes ◯ No ◯	
				Yes ◯ No ◯	
				Yes ◯ No ◯	
				Yes ◯ No ◯	
				Yes ◯ No ◯	
				Yes ◯ No ◯	
				Yes ◯ No ◯	
				Yes ◯ No ◯	
				Yes ◯ No ◯	
				Yes ◯ No ◯	
				Yes ◯ No ◯	
				Yes ◯ No ◯	
				Yes ◯ No ◯	
				Yes ◯ No ◯	
				Yes ◯ No ◯	
				Yes ◯ No ◯	
				Yes ◯ No ◯	
				Yes ◯ No ◯	
				Yes ◯ No ◯	
				Yes ◯ No ◯	
				Yes ◯ No ◯	
				Yes ◯ No ◯	
				Yes ◯ No ◯	
				Yes ◯ No ◯	
				Yes ◯ No ◯	
				Yes ◯ No ◯	
				Yes ◯ No ◯	
				Yes ◯ No ◯	
				Yes ◯ No ◯	
				Yes ◯ No ◯	
				Yes ◯ No ◯	

MONTHLY BILL PLANNER FOR :

Bill Payment	Date Due	Amount Due	Date Paid	Paid	Notes
				Yes ◯ No ◯	
				Yes ◯ No ◯	
				Yes ◯ No ◯	
				Yes ◯ No ◯	
				Yes ◯ No ◯	
				Yes ◯ No ◯	
				Yes ◯ No ◯	
				Yes ◯ No ◯	
				Yes ◯ No ◯	
				Yes ◯ No ◯	
				Yes ◯ No ◯	
				Yes ◯ No ◯	
				Yes ◯ No ◯	
				Yes ◯ No ◯	
				Yes ◯ No ◯	
				Yes ◯ No ◯	
				Yes ◯ No ◯	
				Yes ◯ No ◯	
				Yes ◯ No ◯	
				Yes ◯ No ◯	
				Yes ◯ No ◯	
				Yes ◯ No ◯	
				Yes ◯ No ◯	
				Yes ◯ No ◯	
				Yes ◯ No ◯	
				Yes ◯ No ◯	
				Yes ◯ No ◯	
				Yes ◯ No ◯	
				Yes ◯ No ◯	
				Yes ◯ No ◯	
				Yes ◯ No ◯	
				Yes ◯ No ◯	

ONE TIME EXPENSE FOR :

Bill Payment	Date Due	Amount Due	Date Paid	Paid	Notes
				Yes ◯ No ◯	
				Yes ◯ No ◯	
				Yes ◯ No ◯	
				Yes ◯ No ◯	
				Yes ◯ No ◯	
				Yes ◯ No ◯	
				Yes ◯ No ◯	
				Yes ◯ No ◯	
				Yes ◯ No ◯	
				Yes ◯ No ◯	
				Yes ◯ No ◯	
				Yes ◯ No ◯	
				Yes ◯ No ◯	
				Yes ◯ No ◯	
				Yes ◯ No ◯	
				Yes ◯ No ◯	
				Yes ◯ No ◯	
				Yes ◯ No ◯	
				Yes ◯ No ◯	
				Yes ◯ No ◯	
				Yes ◯ No ◯	
				Yes ◯ No ◯	
				Yes ◯ No ◯	
				Yes ◯ No ◯	
				Yes ◯ No ◯	
				Yes ◯ No ◯	
				Yes ◯ No ◯	
				Yes ◯ No ◯	
				Yes ◯ No ◯	
				Yes ◯ No ◯	
				Yes ◯ No ◯	

MONTHLY BILL PLANNER FOR :

Bill Payment	Date Due	Amount Due	Date Paid	Paid	Notes
				Yes◯ No◯	
				Yes◯ No◯	
				Yes◯ No◯	
				Yes◯ No◯	
				Yes◯ No◯	
				Yes◯ No◯	
				Yes◯ No◯	
				Yes◯ No◯	
				Yes◯ No◯	
				Yes◯ No◯	
				Yes◯ No◯	
				Yes◯ No◯	
				Yes◯ No◯	
				Yes◯ No◯	
				Yes◯ No◯	
				Yes◯ No◯	
				Yes◯ No◯	
				Yes◯ No◯	
				Yes◯ No◯	
				Yes◯ No◯	
				Yes◯ No◯	
				Yes◯ No◯	
				Yes◯ No◯	
				Yes◯ No◯	
				Yes◯ No◯	
				Yes◯ No◯	
				Yes◯ No◯	
				Yes◯ No◯	
				Yes◯ No◯	
				Yes◯ No◯	
				Yes◯ No◯	

ONE TIME EXPENSE FOR :

Bill Payment	Date Due	Amount Due	Date Paid	Paid	Notes
				Yes ◯ No ◯	
				Yes ◯ No ◯	
				Yes ◯ No ◯	
				Yes ◯ No ◯	
				Yes ◯ No ◯	
				Yes ◯ No ◯	
				Yes ◯ No ◯	
				Yes ◯ No ◯	
				Yes ◯ No ◯	
				Yes ◯ No ◯	
				Yes ◯ No ◯	
				Yes ◯ No ◯	
				Yes ◯ No ◯	
				Yes ◯ No ◯	
				Yes ◯ No ◯	
				Yes ◯ No ◯	
				Yes ◯ No ◯	
				Yes ◯ No ◯	
				Yes ◯ No ◯	
				Yes ◯ No ◯	
				Yes ◯ No ◯	
				Yes ◯ No ◯	
				Yes ◯ No ◯	
				Yes ◯ No ◯	
				Yes ◯ No ◯	
				Yes ◯ No ◯	
				Yes ◯ No ◯	
				Yes ◯ No ◯	
				Yes ◯ No ◯	
				Yes ◯ No ◯	
				Yes ◯ No ◯	

MONTHLY BILL PLANNER FOR :

Bill Payment	Date Due	Amount Due	Date Paid	Paid	Notes
				Yes ◯ No ◯	
				Yes ◯ No ◯	
				Yes ◯ No ◯	
				Yes ◯ No ◯	
				Yes ◯ No ◯	
				Yes ◯ No ◯	
				Yes ◯ No ◯	
				Yes ◯ No ◯	
				Yes ◯ No ◯	
				Yes ◯ No ◯	
				Yes ◯ No ◯	
				Yes ◯ No ◯	
				Yes ◯ No ◯	
				Yes ◯ No ◯	
				Yes ◯ No ◯	
				Yes ◯ No ◯	
				Yes ◯ No ◯	
				Yes ◯ No ◯	
				Yes ◯ No ◯	
				Yes ◯ No ◯	
				Yes ◯ No ◯	
				Yes ◯ No ◯	
				Yes ◯ No ◯	
				Yes ◯ No ◯	
				Yes ◯ No ◯	
				Yes ◯ No ◯	
				Yes ◯ No ◯	
				Yes ◯ No ◯	
				Yes ◯ No ◯	
				Yes ◯ No ◯	
				Yes ◯ No ◯	

ONE TIME EXPENSE FOR :

Bill Payment	Date Due	Amount Due	Date Paid	Paid	Notes
				Yes ◯ No ◯	
				Yes ◯ No ◯	
				Yes ◯ No ◯	
				Yes ◯ No ◯	
				Yes ◯ No ◯	
				Yes ◯ No ◯	
				Yes ◯ No ◯	
				Yes ◯ No ◯	
				Yes ◯ No ◯	
				Yes ◯ No ◯	
				Yes ◯ No ◯	
				Yes ◯ No ◯	
				Yes ◯ No ◯	
				Yes ◯ No ◯	
				Yes ◯ No ◯	
				Yes ◯ No ◯	
				Yes ◯ No ◯	
				Yes ◯ No ◯	
				Yes ◯ No ◯	
				Yes ◯ No ◯	
				Yes ◯ No ◯	
				Yes ◯ No ◯	
				Yes ◯ No ◯	
				Yes ◯ No ◯	
				Yes ◯ No ◯	
				Yes ◯ No ◯	
				Yes ◯ No ◯	
				Yes ◯ No ◯	
				Yes ◯ No ◯	
				Yes ◯ No ◯	

MONTHLY BILL PLANNER FOR :

Bill Payment	Date Due	Amount Due	Date Paid	Paid	Notes
				Yes ◯ No ◯	
				Yes ◯ No ◯	
				Yes ◯ No ◯	
				Yes ◯ No ◯	
				Yes ◯ No ◯	
				Yes ◯ No ◯	
				Yes ◯ No ◯	
				Yes ◯ No ◯	
				Yes ◯ No ◯	
				Yes ◯ No ◯	
				Yes ◯ No ◯	
				Yes ◯ No ◯	
				Yes ◯ No ◯	
				Yes ◯ No ◯	
				Yes ◯ No ◯	
				Yes ◯ No ◯	
				Yes ◯ No ◯	
				Yes ◯ No ◯	
				Yes ◯ No ◯	
				Yes ◯ No ◯	
				Yes ◯ No ◯	
				Yes ◯ No ◯	
				Yes ◯ No ◯	
				Yes ◯ No ◯	
				Yes ◯ No ◯	
				Yes ◯ No ◯	
				Yes ◯ No ◯	
				Yes ◯ No ◯	
				Yes ◯ No ◯	
				Yes ◯ No ◯	
				Yes ◯ No ◯	

ONE TIME EXPENSE FOR :

Bill Payment	Date Due	Amount Due	Date Paid	Paid	Notes
				Yes ◯ No ◯	
				Yes ◯ No ◯	
				Yes ◯ No ◯	
				Yes ◯ No ◯	
				Yes ◯ No ◯	
				Yes ◯ No ◯	
				Yes ◯ No ◯	
				Yes ◯ No ◯	
				Yes ◯ No ◯	
				Yes ◯ No ◯	
				Yes ◯ No ◯	
				Yes ◯ No ◯	
				Yes ◯ No ◯	
				Yes ◯ No ◯	
				Yes ◯ No ◯	
				Yes ◯ No ◯	
				Yes ◯ No ◯	
				Yes ◯ No ◯	
				Yes ◯ No ◯	
				Yes ◯ No ◯	
				Yes ◯ No ◯	
				Yes ◯ No ◯	
				Yes ◯ No ◯	
				Yes ◯ No ◯	
				Yes ◯ No ◯	
				Yes ◯ No ◯	
				Yes ◯ No ◯	
				Yes ◯ No ◯	
				Yes ◯ No ◯	
				Yes ◯ No ◯	
				Yes ◯ No ◯	

MONTHLY BILL PLANNER FOR :

Bill Payment	Date Due	Amount Due	Date Paid	Paid	Notes
				Yes ◯ No ◯	
				Yes ◯ No ◯	
				Yes ◯ No ◯	
				Yes ◯ No ◯	
				Yes ◯ No ◯	
				Yes ◯ No ◯	
				Yes ◯ No ◯	
				Yes ◯ No ◯	
				Yes ◯ No ◯	
				Yes ◯ No ◯	
				Yes ◯ No ◯	
				Yes ◯ No ◯	
				Yes ◯ No ◯	
				Yes ◯ No ◯	
				Yes ◯ No ◯	
				Yes ◯ No ◯	
				Yes ◯ No ◯	
				Yes ◯ No ◯	
				Yes ◯ No ◯	
				Yes ◯ No ◯	
				Yes ◯ No ◯	
				Yes ◯ No ◯	
				Yes ◯ No ◯	
				Yes ◯ No ◯	
				Yes ◯ No ◯	
				Yes ◯ No ◯	
				Yes ◯ No ◯	
				Yes ◯ No ◯	
				Yes ◯ No ◯	
				Yes ◯ No ◯	
				Yes ◯ No ◯	

ONE TIME EXPENSE FOR :

Bill Payment	Date Due	Amount Due	Date Paid	Paid	Notes
				Yes ◯ No ◯	
				Yes ◯ No ◯	
				Yes ◯ No ◯	
				Yes ◯ No ◯	
				Yes ◯ No ◯	
				Yes ◯ No ◯	
				Yes ◯ No ◯	
				Yes ◯ No ◯	
				Yes ◯ No ◯	
				Yes ◯ No ◯	
				Yes ◯ No ◯	
				Yes ◯ No ◯	
				Yes ◯ No ◯	
				Yes ◯ No ◯	
				Yes ◯ No ◯	
				Yes ◯ No ◯	
				Yes ◯ No ◯	
				Yes ◯ No ◯	
				Yes ◯ No ◯	
				Yes ◯ No ◯	
				Yes ◯ No ◯	
				Yes ◯ No ◯	
				Yes ◯ No ◯	
				Yes ◯ No ◯	
				Yes ◯ No ◯	
				Yes ◯ No ◯	
				Yes ◯ No ◯	
				Yes ◯ No ◯	
				Yes ◯ No ◯	
				Yes ◯ No ◯	

MONTHLY BILL PLANNER FOR :

Bill Payment	Date Due	Amount Due	Date Paid	Paid	Notes
				Yes ◯ No ◯	
				Yes ◯ No ◯	
				Yes ◯ No ◯	
				Yes ◯ No ◯	
				Yes ◯ No ◯	
				Yes ◯ No ◯	
				Yes ◯ No ◯	
				Yes ◯ No ◯	
				Yes ◯ No ◯	
				Yes ◯ No ◯	
				Yes ◯ No ◯	
				Yes ◯ No ◯	
				Yes ◯ No ◯	
				Yes ◯ No ◯	
				Yes ◯ No ◯	
				Yes ◯ No ◯	
				Yes ◯ No ◯	
				Yes ◯ No ◯	
				Yes ◯ No ◯	
				Yes ◯ No ◯	
				Yes ◯ No ◯	
				Yes ◯ No ◯	
				Yes ◯ No ◯	
				Yes ◯ No ◯	
				Yes ◯ No ◯	
				Yes ◯ No ◯	
				Yes ◯ No ◯	
				Yes ◯ No ◯	
				Yes ◯ No ◯	
				Yes ◯ No ◯	
				Yes ◯ No ◯	

ONE TIME EXPENSE FOR :

Bill Payment	Date Due	Amount Due	Date Paid	Paid	Notes
				Yes ◯ No ◯	
				Yes ◯ No ◯	
				Yes ◯ No ◯	
				Yes ◯ No ◯	
				Yes ◯ No ◯	
				Yes ◯ No ◯	
				Yes ◯ No ◯	
				Yes ◯ No ◯	
				Yes ◯ No ◯	
				Yes ◯ No ◯	
				Yes ◯ No ◯	
				Yes ◯ No ◯	
				Yes ◯ No ◯	
				Yes ◯ No ◯	
				Yes ◯ No ◯	
				Yes ◯ No ◯	
				Yes ◯ No ◯	
				Yes ◯ No ◯	
				Yes ◯ No ◯	
				Yes ◯ No ◯	
				Yes ◯ No ◯	
				Yes ◯ No ◯	
				Yes ◯ No ◯	
				Yes ◯ No ◯	
				Yes ◯ No ◯	
				Yes ◯ No ◯	
				Yes ◯ No ◯	
				Yes ◯ No ◯	
				Yes ◯ No ◯	
				Yes ◯ No ◯	

MONTHLY BILL PLANNER FOR :

Bill Payment	Date Due	Amount Due	Date Paid	Paid	Notes
				Yes ◯ No ◯	
				Yes ◯ No ◯	
				Yes ◯ No ◯	
				Yes ◯ No ◯	
				Yes ◯ No ◯	
				Yes ◯ No ◯	
				Yes ◯ No ◯	
				Yes ◯ No ◯	
				Yes ◯ No ◯	
				Yes ◯ No ◯	
				Yes ◯ No ◯	
				Yes ◯ No ◯	
				Yes ◯ No ◯	
				Yes ◯ No ◯	
				Yes ◯ No ◯	
				Yes ◯ No ◯	
				Yes ◯ No ◯	
				Yes ◯ No ◯	
				Yes ◯ No ◯	
				Yes ◯ No ◯	
				Yes ◯ No ◯	
				Yes ◯ No ◯	
				Yes ◯ No ◯	
				Yes ◯ No ◯	
				Yes ◯ No ◯	
				Yes ◯ No ◯	
				Yes ◯ No ◯	
				Yes ◯ No ◯	
				Yes ◯ No ◯	

ONE TIME EXPENSE FOR :

Bill Payment	Date Due	Amount Due	Date Paid	Paid	Notes
				Yes ◯ No ◯	
				Yes ◯ No ◯	
				Yes ◯ No ◯	
				Yes ◯ No ◯	
				Yes ◯ No ◯	
				Yes ◯ No ◯	
				Yes ◯ No ◯	
				Yes ◯ No ◯	
				Yes ◯ No ◯	
				Yes ◯ No ◯	
				Yes ◯ No ◯	
				Yes ◯ No ◯	
				Yes ◯ No ◯	
				Yes ◯ No ◯	
				Yes ◯ No ◯	
				Yes ◯ No ◯	
				Yes ◯ No ◯	
				Yes ◯ No ◯	
				Yes ◯ No ◯	
				Yes ◯ No ◯	
				Yes ◯ No ◯	
				Yes ◯ No ◯	
				Yes ◯ No ◯	
				Yes ◯ No ◯	
				Yes ◯ No ◯	
				Yes ◯ No ◯	
				Yes ◯ No ◯	
				Yes ◯ No ◯	
				Yes ◯ No ◯	
				Yes ◯ No ◯	
				Yes ◯ No ◯	

MONTHLY BILL PLANNER FOR :

Bill Payment	Date Due	Amount Due	Date Paid	Paid	Notes
				Yes ◯ No ◯	
				Yes ◯ No ◯	
				Yes ◯ No ◯	
				Yes ◯ No ◯	
				Yes ◯ No ◯	
				Yes ◯ No ◯	
				Yes ◯ No ◯	
				Yes ◯ No ◯	
				Yes ◯ No ◯	
				Yes ◯ No ◯	
				Yes ◯ No ◯	
				Yes ◯ No ◯	
				Yes ◯ No ◯	
				Yes ◯ No ◯	
				Yes ◯ No ◯	
				Yes ◯ No ◯	
				Yes ◯ No ◯	
				Yes ◯ No ◯	
				Yes ◯ No ◯	
				Yes ◯ No ◯	
				Yes ◯ No ◯	
				Yes ◯ No ◯	
				Yes ◯ No ◯	
				Yes ◯ No ◯	
				Yes ◯ No ◯	
				Yes ◯ No ◯	
				Yes ◯ No ◯	
				Yes ◯ No ◯	
				Yes ◯ No ◯	
				Yes ◯ No ◯	

ONE TIME EXPENSE FOR :

Bill Payment	Date Due	Amount Due	Date Paid	Paid	Notes
				Yes ◯ No ◯	
				Yes ◯ No ◯	
				Yes ◯ No ◯	
				Yes ◯ No ◯	
				Yes ◯ No ◯	
				Yes ◯ No ◯	
				Yes ◯ No ◯	
				Yes ◯ No ◯	
				Yes ◯ No ◯	
				Yes ◯ No ◯	
				Yes ◯ No ◯	
				Yes ◯ No ◯	
				Yes ◯ No ◯	
				Yes ◯ No ◯	
				Yes ◯ No ◯	
				Yes ◯ No ◯	
				Yes ◯ No ◯	
				Yes ◯ No ◯	
				Yes ◯ No ◯	
				Yes ◯ No ◯	
				Yes ◯ No ◯	
				Yes ◯ No ◯	
				Yes ◯ No ◯	
				Yes ◯ No ◯	
				Yes ◯ No ◯	
				Yes ◯ No ◯	
				Yes ◯ No ◯	
				Yes ◯ No ◯	
				Yes ◯ No ◯	
				Yes ◯ No ◯	
				Yes ◯ No ◯	

MONTHLY BILL PLANNER FOR :

Bill Payment	Date Due	Amount Due	Date Paid	Paid	Notes
				Yes ◯ No ◯	
				Yes ◯ No ◯	
				Yes ◯ No ◯	
				Yes ◯ No ◯	
				Yes ◯ No ◯	
				Yes ◯ No ◯	
				Yes ◯ No ◯	
				Yes ◯ No ◯	
				Yes ◯ No ◯	
				Yes ◯ No ◯	
				Yes ◯ No ◯	
				Yes ◯ No ◯	
				Yes ◯ No ◯	
				Yes ◯ No ◯	
				Yes ◯ No ◯	
				Yes ◯ No ◯	
				Yes ◯ No ◯	
				Yes ◯ No ◯	
				Yes ◯ No ◯	
				Yes ◯ No ◯	
				Yes ◯ No ◯	
				Yes ◯ No ◯	
				Yes ◯ No ◯	
				Yes ◯ No ◯	
				Yes ◯ No ◯	
				Yes ◯ No ◯	
				Yes ◯ No ◯	
				Yes ◯ No ◯	
				Yes ◯ No ◯	
				Yes ◯ No ◯	
				Yes ◯ No ◯	

ONE TIME EXPENSE FOR :

Bill Payment	Date Due	Amount Due	Date Paid	Paid	Notes
				Yes ◯ No ◯	
				Yes ◯ No ◯	
				Yes ◯ No ◯	
				Yes ◯ No ◯	
				Yes ◯ No ◯	
				Yes ◯ No ◯	
				Yes ◯ No ◯	
				Yes ◯ No ◯	
				Yes ◯ No ◯	
				Yes ◯ No ◯	
				Yes ◯ No ◯	
				Yes ◯ No ◯	
				Yes ◯ No ◯	
				Yes ◯ No ◯	
				Yes ◯ No ◯	
				Yes ◯ No ◯	
				Yes ◯ No ◯	
				Yes ◯ No ◯	
				Yes ◯ No ◯	
				Yes ◯ No ◯	
				Yes ◯ No ◯	
				Yes ◯ No ◯	
				Yes ◯ No ◯	
				Yes ◯ No ◯	
				Yes ◯ No ◯	
				Yes ◯ No ◯	
				Yes ◯ No ◯	
				Yes ◯ No ◯	
				Yes ◯ No ◯	
				Yes ◯ No ◯	
				Yes ◯ No ◯	

MONTHLY BILL PLANNER FOR :

Bill Payment	Date Due	Amount Due	Date Paid	Paid	Notes
				Yes ◯ No ◯	
				Yes ◯ No ◯	
				Yes ◯ No ◯	
				Yes ◯ No ◯	
				Yes ◯ No ◯	
				Yes ◯ No ◯	
				Yes ◯ No ◯	
				Yes ◯ No ◯	
				Yes ◯ No ◯	
				Yes ◯ No ◯	
				Yes ◯ No ◯	
				Yes ◯ No ◯	
				Yes ◯ No ◯	
				Yes ◯ No ◯	
				Yes ◯ No ◯	
				Yes ◯ No ◯	
				Yes ◯ No ◯	
				Yes ◯ No ◯	
				Yes ◯ No ◯	
				Yes ◯ No ◯	
				Yes ◯ No ◯	
				Yes ◯ No ◯	
				Yes ◯ No ◯	
				Yes ◯ No ◯	
				Yes ◯ No ◯	
				Yes ◯ No ◯	
				Yes ◯ No ◯	
				Yes ◯ No ◯	
				Yes ◯ No ◯	
				Yes ◯ No ◯	

ONE TIME EXPENSE FOR :

Bill Payment	Date Due	Amount Due	Date Paid	Paid	Notes
				Yes ◯ No ◯	
				Yes ◯ No ◯	
				Yes ◯ No ◯	
				Yes ◯ No ◯	
				Yes ◯ No ◯	
				Yes ◯ No ◯	
				Yes ◯ No ◯	
				Yes ◯ No ◯	
				Yes ◯ No ◯	
				Yes ◯ No ◯	
				Yes ◯ No ◯	
				Yes ◯ No ◯	
				Yes ◯ No ◯	
				Yes ◯ No ◯	
				Yes ◯ No ◯	
				Yes ◯ No ◯	
				Yes ◯ No ◯	
				Yes ◯ No ◯	
				Yes ◯ No ◯	
				Yes ◯ No ◯	
				Yes ◯ No ◯	
				Yes ◯ No ◯	
				Yes ◯ No ◯	
				Yes ◯ No ◯	
				Yes ◯ No ◯	
				Yes ◯ No ◯	
				Yes ◯ No ◯	
				Yes ◯ No ◯	
				Yes ◯ No ◯	

MONTHLY BILL PLANNER FOR :

Bill Payment	Date Due	Amount Due	Date Paid	Paid	Notes
				Yes◯ No ◯	
				Yes◯ No ◯	
				Yes◯ No ◯	
				Yes◯ No ◯	
				Yes◯ No ◯	
				Yes◯ No ◯	
				Yes◯ No ◯	
				Yes◯ No ◯	
				Yes◯ No ◯	
				Yes◯ No ◯	
				Yes◯ No ◯	
				Yes◯ No ◯	
				Yes◯ No ◯	
				Yes◯ No ◯	
				Yes◯ No ◯	
				Yes◯ No ◯	
				Yes◯ No ◯	
				Yes◯ No ◯	
				Yes◯ No ◯	
				Yes◯ No ◯	
				Yes◯ No ◯	
				Yes◯ No ◯	
				Yes◯ No ◯	
				Yes◯ No ◯	
				Yes◯ No ◯	
				Yes◯ No ◯	
				Yes◯ No ◯	
				Yes◯ No ◯	
				Yes◯ No ◯	

ONE TIME EXPENSE FOR :

Bill Payment	Date Due	Amount Due	Date Paid	Paid	Notes
				Yes ◯ No ◯	
				Yes ◯ No ◯	
				Yes ◯ No ◯	
				Yes ◯ No ◯	
				Yes ◯ No ◯	
				Yes ◯ No ◯	
				Yes ◯ No ◯	
				Yes ◯ No ◯	
				Yes ◯ No ◯	
				Yes ◯ No ◯	
				Yes ◯ No ◯	
				Yes ◯ No ◯	
				Yes ◯ No ◯	
				Yes ◯ No ◯	
				Yes ◯ No ◯	
				Yes ◯ No ◯	
				Yes ◯ No ◯	
				Yes ◯ No ◯	
				Yes ◯ No ◯	
				Yes ◯ No ◯	
				Yes ◯ No ◯	
				Yes ◯ No ◯	
				Yes ◯ No ◯	
				Yes ◯ No ◯	
				Yes ◯ No ◯	
				Yes ◯ No ◯	
				Yes ◯ No ◯	
				Yes ◯ No ◯	
				Yes ◯ No ◯	
				Yes ◯ No ◯	

MONTHLY BILL PLANNER FOR :

Bill Payment	Date Due	Amount Due	Date Paid	Paid	Notes
				Yes ◯ No ◯	
				Yes ◯ No ◯	
				Yes ◯ No ◯	
				Yes ◯ No ◯	
				Yes ◯ No ◯	
				Yes ◯ No ◯	
				Yes ◯ No ◯	
				Yes ◯ No ◯	
				Yes ◯ No ◯	
				Yes ◯ No ◯	
				Yes ◯ No ◯	
				Yes ◯ No ◯	
				Yes ◯ No ◯	
				Yes ◯ No ◯	
				Yes ◯ No ◯	
				Yes ◯ No ◯	
				Yes ◯ No ◯	
				Yes ◯ No ◯	
				Yes ◯ No ◯	
				Yes ◯ No ◯	
				Yes ◯ No ◯	
				Yes ◯ No ◯	
				Yes ◯ No ◯	
				Yes ◯ No ◯	
				Yes ◯ No ◯	
				Yes ◯ No ◯	
				Yes ◯ No ◯	
				Yes ◯ No ◯	
				Yes ◯ No ◯	
				Yes ◯ No ◯	
				Yes ◯ No ◯	

ONE TIME EXPENSE FOR :

Bill Payment	Date Due	Amount Due	Date Paid	Paid	Notes
				Yes ◯ No ◯	
				Yes ◯ No ◯	
				Yes ◯ No ◯	
				Yes ◯ No ◯	
				Yes ◯ No ◯	
				Yes ◯ No ◯	
				Yes ◯ No ◯	
				Yes ◯ No ◯	
				Yes ◯ No ◯	
				Yes ◯ No ◯	
				Yes ◯ No ◯	
				Yes ◯ No ◯	
				Yes ◯ No ◯	
				Yes ◯ No ◯	
				Yes ◯ No ◯	
				Yes ◯ No ◯	
				Yes ◯ No ◯	
				Yes ◯ No ◯	
				Yes ◯ No ◯	
				Yes ◯ No ◯	
				Yes ◯ No ◯	
				Yes ◯ No ◯	
				Yes ◯ No ◯	
				Yes ◯ No ◯	
				Yes ◯ No ◯	
				Yes ◯ No ◯	
				Yes ◯ No ◯	
				Yes ◯ No ◯	
				Yes ◯ No ◯	
				Yes ◯ No ◯	
				Yes ◯ No ◯	
				Yes ◯ No ◯	

MONTHLY BILL PLANNER FOR :

Bill Payment	Date Due	Amount Due	Date Paid	Paid	Notes
				Yes ◯ No ◯	
				Yes ◯ No ◯	
				Yes ◯ No ◯	
				Yes ◯ No ◯	
				Yes ◯ No ◯	
				Yes ◯ No ◯	
				Yes ◯ No ◯	
				Yes ◯ No ◯	
				Yes ◯ No ◯	
				Yes ◯ No ◯	
				Yes ◯ No ◯	
				Yes ◯ No ◯	
				Yes ◯ No ◯	
				Yes ◯ No ◯	
				Yes ◯ No ◯	
				Yes ◯ No ◯	
				Yes ◯ No ◯	
				Yes ◯ No ◯	
				Yes ◯ No ◯	
				Yes ◯ No ◯	
				Yes ◯ No ◯	
				Yes ◯ No ◯	
				Yes ◯ No ◯	
				Yes ◯ No ◯	
				Yes ◯ No ◯	
				Yes ◯ No ◯	
				Yes ◯ No ◯	
				Yes ◯ No ◯	
				Yes ◯ No ◯	
				Yes ◯ No ◯	
				Yes ◯ No ◯	

ONE TIME EXPENSE FOR :

Bill Payment	Date Due	Amount Due	Date Paid	Paid	Notes
				Yes ◯ No ◯	
				Yes ◯ No ◯	
				Yes ◯ No ◯	
				Yes ◯ No ◯	
				Yes ◯ No ◯	
				Yes ◯ No ◯	
				Yes ◯ No ◯	
				Yes ◯ No ◯	
				Yes ◯ No ◯	
				Yes ◯ No ◯	
				Yes ◯ No ◯	
				Yes ◯ No ◯	
				Yes ◯ No ◯	
				Yes ◯ No ◯	
				Yes ◯ No ◯	
				Yes ◯ No ◯	
				Yes ◯ No ◯	
				Yes ◯ No ◯	
				Yes ◯ No ◯	
				Yes ◯ No ◯	
				Yes ◯ No ◯	
				Yes ◯ No ◯	
				Yes ◯ No ◯	
				Yes ◯ No ◯	
				Yes ◯ No ◯	
				Yes ◯ No ◯	
				Yes ◯ No ◯	
				Yes ◯ No ◯	
				Yes ◯ No ◯	
				Yes ◯ No ◯	
				Yes ◯ No ◯	

MONTHLY BILL PLANNER FOR :

Bill Payment	Date Due	Amount Due	Date Paid	Paid	Notes
				Yes ◯ No ◯	
				Yes ◯ No ◯	
				Yes ◯ No ◯	
				Yes ◯ No ◯	
				Yes ◯ No ◯	
				Yes ◯ No ◯	
				Yes ◯ No ◯	
				Yes ◯ No ◯	
				Yes ◯ No ◯	
				Yes ◯ No ◯	
				Yes ◯ No ◯	
				Yes ◯ No ◯	
				Yes ◯ No ◯	
				Yes ◯ No ◯	
				Yes ◯ No ◯	
				Yes ◯ No ◯	
				Yes ◯ No ◯	
				Yes ◯ No ◯	
				Yes ◯ No ◯	
				Yes ◯ No ◯	
				Yes ◯ No ◯	
				Yes ◯ No ◯	
				Yes ◯ No ◯	
				Yes ◯ No ◯	
				Yes ◯ No ◯	
				Yes ◯ No ◯	
				Yes ◯ No ◯	
				Yes ◯ No ◯	
				Yes ◯ No ◯	
				Yes ◯ No ◯	

ONE TIME EXPENSE FOR :

Bill Payment	Date Due	Amount Due	Date Paid	Paid	Notes
				Yes ◯ No ◯	
				Yes ◯ No ◯	
				Yes ◯ No ◯	
				Yes ◯ No ◯	
				Yes ◯ No ◯	
				Yes ◯ No ◯	
				Yes ◯ No ◯	
				Yes ◯ No ◯	
				Yes ◯ No ◯	
				Yes ◯ No ◯	
				Yes ◯ No ◯	
				Yes ◯ No ◯	
				Yes ◯ No ◯	
				Yes ◯ No ◯	
				Yes ◯ No ◯	
				Yes ◯ No ◯	
				Yes ◯ No ◯	
				Yes ◯ No ◯	
				Yes ◯ No ◯	
				Yes ◯ No ◯	
				Yes ◯ No ◯	
				Yes ◯ No ◯	
				Yes ◯ No ◯	
				Yes ◯ No ◯	
				Yes ◯ No ◯	
				Yes ◯ No ◯	
				Yes ◯ No ◯	
				Yes ◯ No ◯	
				Yes ◯ No ◯	
				Yes ◯ No ◯	
				Yes ◯ No ◯	

MONTHLY BILL PLANNER FOR :

Bill Payment	Date Due	Amount Due	Date Paid	Paid	Notes
				Yes ◯ No ◯	
				Yes ◯ No ◯	
				Yes ◯ No ◯	
				Yes ◯ No ◯	
				Yes ◯ No ◯	
				Yes ◯ No ◯	
				Yes ◯ No ◯	
				Yes ◯ No ◯	
				Yes ◯ No ◯	
				Yes ◯ No ◯	
				Yes ◯ No ◯	
				Yes ◯ No ◯	
				Yes ◯ No ◯	
				Yes ◯ No ◯	
				Yes ◯ No ◯	
				Yes ◯ No ◯	
				Yes ◯ No ◯	
				Yes ◯ No ◯	
				Yes ◯ No ◯	
				Yes ◯ No ◯	
				Yes ◯ No ◯	
				Yes ◯ No ◯	
				Yes ◯ No ◯	
				Yes ◯ No ◯	
				Yes ◯ No ◯	
				Yes ◯ No ◯	
				Yes ◯ No ◯	
				Yes ◯ No ◯	
				Yes ◯ No ◯	
				Yes ◯ No ◯	
				Yes ◯ No ◯	

ONE TIME EXPENSE FOR :

Bill Payment	Date Due	Amount Due	Date Paid	Paid	Notes
				Yes ◯ No ◯	
				Yes ◯ No ◯	
				Yes ◯ No ◯	
				Yes ◯ No ◯	
				Yes ◯ No ◯	
				Yes ◯ No ◯	
				Yes ◯ No ◯	
				Yes ◯ No ◯	
				Yes ◯ No ◯	
				Yes ◯ No ◯	
				Yes ◯ No ◯	
				Yes ◯ No ◯	
				Yes ◯ No ◯	
				Yes ◯ No ◯	
				Yes ◯ No ◯	
				Yes ◯ No ◯	
				Yes ◯ No ◯	
				Yes ◯ No ◯	
				Yes ◯ No ◯	
				Yes ◯ No ◯	
				Yes ◯ No ◯	
				Yes ◯ No ◯	
				Yes ◯ No ◯	
				Yes ◯ No ◯	
				Yes ◯ No ◯	
				Yes ◯ No ◯	
				Yes ◯ No ◯	
				Yes ◯ No ◯	
				Yes ◯ No ◯	
				Yes ◯ No ◯	

MONTHLY BILL PLANNER FOR :

Bill Payment	Date Due	Amount Due	Date Paid	Paid	Notes
				Yes ◯ No ◯	
				Yes ◯ No ◯	
				Yes ◯ No ◯	
				Yes ◯ No ◯	
				Yes ◯ No ◯	
				Yes ◯ No ◯	
				Yes ◯ No ◯	
				Yes ◯ No ◯	
				Yes ◯ No ◯	
				Yes ◯ No ◯	
				Yes ◯ No ◯	
				Yes ◯ No ◯	
				Yes ◯ No ◯	
				Yes ◯ No ◯	
				Yes ◯ No ◯	
				Yes ◯ No ◯	
				Yes ◯ No ◯	
				Yes ◯ No ◯	
				Yes ◯ No ◯	
				Yes ◯ No ◯	
				Yes ◯ No ◯	
				Yes ◯ No ◯	
				Yes ◯ No ◯	
				Yes ◯ No ◯	
				Yes ◯ No ◯	
				Yes ◯ No ◯	
				Yes ◯ No ◯	
				Yes ◯ No ◯	
				Yes ◯ No ◯	
				Yes ◯ No ◯	
				Yes ◯ No ◯	

ONE TIME EXPENSE FOR :

Bill Payment	Date Due	Amount Due	Date Paid	Paid	Notes
				Yes ◯ No ◯	
				Yes ◯ No ◯	
				Yes ◯ No ◯	
				Yes ◯ No ◯	
				Yes ◯ No ◯	
				Yes ◯ No ◯	
				Yes ◯ No ◯	
				Yes ◯ No ◯	
				Yes ◯ No ◯	
				Yes ◯ No ◯	
				Yes ◯ No ◯	
				Yes ◯ No ◯	
				Yes ◯ No ◯	
				Yes ◯ No ◯	
				Yes ◯ No ◯	
				Yes ◯ No ◯	
				Yes ◯ No ◯	
				Yes ◯ No ◯	
				Yes ◯ No ◯	
				Yes ◯ No ◯	
				Yes ◯ No ◯	
				Yes ◯ No ◯	
				Yes ◯ No ◯	
				Yes ◯ No ◯	
				Yes ◯ No ◯	
				Yes ◯ No ◯	
				Yes ◯ No ◯	
				Yes ◯ No ◯	
				Yes ◯ No ◯	
				Yes ◯ No ◯	

MONTHLY BILL PLANNER FOR :

Bill Payment	Date Due	Amount Due	Date Paid	Paid	Notes
				Yes ◯ No ◯	
				Yes ◯ No ◯	
				Yes ◯ No ◯	
				Yes ◯ No ◯	
				Yes ◯ No ◯	
				Yes ◯ No ◯	
				Yes ◯ No ◯	
				Yes ◯ No ◯	
				Yes ◯ No ◯	
				Yes ◯ No ◯	
				Yes ◯ No ◯	
				Yes ◯ No ◯	
				Yes ◯ No ◯	
				Yes ◯ No ◯	
				Yes ◯ No ◯	
				Yes ◯ No ◯	
				Yes ◯ No ◯	
				Yes ◯ No ◯	
				Yes ◯ No ◯	
				Yes ◯ No ◯	
				Yes ◯ No ◯	
				Yes ◯ No ◯	
				Yes ◯ No ◯	
				Yes ◯ No ◯	
				Yes ◯ No ◯	
				Yes ◯ No ◯	
				Yes ◯ No ◯	
				Yes ◯ No ◯	
				Yes ◯ No ◯	
				Yes ◯ No ◯	
				Yes ◯ No ◯	

ONE TIME EXPENSE FOR :

Bill Payment	Date Due	Amount Due	Date Paid	Paid	Notes
				Yes ◯ No ◯	
				Yes ◯ No ◯	
				Yes ◯ No ◯	
				Yes ◯ No ◯	
				Yes ◯ No ◯	
				Yes ◯ No ◯	
				Yes ◯ No ◯	
				Yes ◯ No ◯	
				Yes ◯ No ◯	
				Yes ◯ No ◯	
				Yes ◯ No ◯	
				Yes ◯ No ◯	
				Yes ◯ No ◯	
				Yes ◯ No ◯	
				Yes ◯ No ◯	
				Yes ◯ No ◯	
				Yes ◯ No ◯	
				Yes ◯ No ◯	
				Yes ◯ No ◯	
				Yes ◯ No ◯	
				Yes ◯ No ◯	
				Yes ◯ No ◯	
				Yes ◯ No ◯	
				Yes ◯ No ◯	
				Yes ◯ No ◯	
				Yes ◯ No ◯	
				Yes ◯ No ◯	
				Yes ◯ No ◯	
				Yes ◯ No ◯	
				Yes ◯ No ◯	
				Yes ◯ No ◯	
				Yes ◯ No ◯	

MONTHLY BILL PLANNER FOR :

Bill Payment	Date Due	Amount Due	Date Paid	Paid	Notes
				Yes ◯ No ◯	
				Yes ◯ No ◯	
				Yes ◯ No ◯	
				Yes ◯ No ◯	
				Yes ◯ No ◯	
				Yes ◯ No ◯	
				Yes ◯ No ◯	
				Yes ◯ No ◯	
				Yes ◯ No ◯	
				Yes ◯ No ◯	
				Yes ◯ No ◯	
				Yes ◯ No ◯	
				Yes ◯ No ◯	
				Yes ◯ No ◯	
				Yes ◯ No ◯	
				Yes ◯ No ◯	
				Yes ◯ No ◯	
				Yes ◯ No ◯	
				Yes ◯ No ◯	
				Yes ◯ No ◯	
				Yes ◯ No ◯	
				Yes ◯ No ◯	
				Yes ◯ No ◯	
				Yes ◯ No ◯	
				Yes ◯ No ◯	
				Yes ◯ No ◯	
				Yes ◯ No ◯	
				Yes ◯ No ◯	
				Yes ◯ No ◯	
				Yes ◯ No ◯	

ONE TIME EXPENSE FOR :

Bill Payment	Date Due	Amount Due	Date Paid	Paid	Notes
				Yes ◯ No ◯	
				Yes ◯ No ◯	
				Yes ◯ No ◯	
				Yes ◯ No ◯	
				Yes ◯ No ◯	
				Yes ◯ No ◯	
				Yes ◯ No ◯	
				Yes ◯ No ◯	
				Yes ◯ No ◯	
				Yes ◯ No ◯	
				Yes ◯ No ◯	
				Yes ◯ No ◯	
				Yes ◯ No ◯	
				Yes ◯ No ◯	
				Yes ◯ No ◯	
				Yes ◯ No ◯	
				Yes ◯ No ◯	
				Yes ◯ No ◯	
				Yes ◯ No ◯	
				Yes ◯ No ◯	
				Yes ◯ No ◯	
				Yes ◯ No ◯	
				Yes ◯ No ◯	
				Yes ◯ No ◯	
				Yes ◯ No ◯	
				Yes ◯ No ◯	
				Yes ◯ No ◯	
				Yes ◯ No ◯	
				Yes ◯ No ◯	
				Yes ◯ No ◯	
				Yes ◯ No ◯	

MONTHLY BILL PLANNER FOR :

Bill Payment	Date Due	Amount Due	Date Paid	Paid	Notes
				Yes ◯ No ◯	
				Yes ◯ No ◯	
				Yes ◯ No ◯	
				Yes ◯ No ◯	
				Yes ◯ No ◯	
				Yes ◯ No ◯	
				Yes ◯ No ◯	
				Yes ◯ No ◯	
				Yes ◯ No ◯	
				Yes ◯ No ◯	
				Yes ◯ No ◯	
				Yes ◯ No ◯	
				Yes ◯ No ◯	
				Yes ◯ No ◯	
				Yes ◯ No ◯	
				Yes ◯ No ◯	
				Yes ◯ No ◯	
				Yes ◯ No ◯	
				Yes ◯ No ◯	
				Yes ◯ No ◯	
				Yes ◯ No ◯	
				Yes ◯ No ◯	
				Yes ◯ No ◯	
				Yes ◯ No ◯	
				Yes ◯ No ◯	
				Yes ◯ No ◯	
				Yes ◯ No ◯	
				Yes ◯ No ◯	
				Yes ◯ No ◯	
				Yes ◯ No ◯	
				Yes ◯ No ◯	

ONE TIME EXPENSE FOR :

Bill Payment	Date Due	Amount Due	Date Paid	Paid	Notes
				Yes ◯ No ◯	
				Yes ◯ No ◯	
				Yes ◯ No ◯	
				Yes ◯ No ◯	
				Yes ◯ No ◯	
				Yes ◯ No ◯	
				Yes ◯ No ◯	
				Yes ◯ No ◯	
				Yes ◯ No ◯	
				Yes ◯ No ◯	
				Yes ◯ No ◯	
				Yes ◯ No ◯	
				Yes ◯ No ◯	
				Yes ◯ No ◯	
				Yes ◯ No ◯	
				Yes ◯ No ◯	
				Yes ◯ No ◯	
				Yes ◯ No ◯	
				Yes ◯ No ◯	
				Yes ◯ No ◯	
				Yes ◯ No ◯	
				Yes ◯ No ◯	
				Yes ◯ No ◯	
				Yes ◯ No ◯	
				Yes ◯ No ◯	
				Yes ◯ No ◯	
				Yes ◯ No ◯	
				Yes ◯ No ◯	
				Yes ◯ No ◯	
				Yes ◯ No ◯	

MONTHLY BILL PLANNER FOR :

Bill Payment	Date Due	Amount Due	Date Paid	Paid	Notes
				Yes ◯ No ◯	
				Yes ◯ No ◯	
				Yes ◯ No ◯	
				Yes ◯ No ◯	
				Yes ◯ No ◯	
				Yes ◯ No ◯	
				Yes ◯ No ◯	
				Yes ◯ No ◯	
				Yes ◯ No ◯	
				Yes ◯ No ◯	
				Yes ◯ No ◯	
				Yes ◯ No ◯	
				Yes ◯ No ◯	
				Yes ◯ No ◯	
				Yes ◯ No ◯	
				Yes ◯ No ◯	
				Yes ◯ No ◯	
				Yes ◯ No ◯	
				Yes ◯ No ◯	
				Yes ◯ No ◯	
				Yes ◯ No ◯	
				Yes ◯ No ◯	
				Yes ◯ No ◯	
				Yes ◯ No ◯	
				Yes ◯ No ◯	
				Yes ◯ No ◯	
				Yes ◯ No ◯	
				Yes ◯ No ◯	
				Yes ◯ No ◯	
				Yes ◯ No ◯	
				Yes ◯ No ◯	

ONE TIME EXPENSE FOR :

Bill Payment	Date Due	Amount Due	Date Paid	Paid	Notes
				Yes ○ No ○	
				Yes ○ No ○	
				Yes ○ No ○	
				Yes ○ No ○	
				Yes ○ No ○	
				Yes ○ No ○	
				Yes ○ No ○	
				Yes ○ No ○	
				Yes ○ No ○	
				Yes ○ No ○	
				Yes ○ No ○	
				Yes ○ No ○	
				Yes ○ No ○	
				Yes ○ No ○	
				Yes ○ No ○	
				Yes ○ No ○	
				Yes ○ No ○	
				Yes ○ No ○	
				Yes ○ No ○	
				Yes ○ No ○	
				Yes ○ No ○	
				Yes ○ No ○	
				Yes ○ No ○	
				Yes ○ No ○	
				Yes ○ No ○	
				Yes ○ No ○	
				Yes ○ No ○	
				Yes ○ No ○	
				Yes ○ No ○	
				Yes ○ No ○	
				Yes ○ No ○	

MONTHLY BILL PLANNER FOR :

Bill Payment	Date Due	Amount Due	Date Paid	Paid	Notes
				Yes ◯ No ◯	
				Yes ◯ No ◯	
				Yes ◯ No ◯	
				Yes ◯ No ◯	
				Yes ◯ No ◯	
				Yes ◯ No ◯	
				Yes ◯ No ◯	
				Yes ◯ No ◯	
				Yes ◯ No ◯	
				Yes ◯ No ◯	
				Yes ◯ No ◯	
				Yes ◯ No ◯	
				Yes ◯ No ◯	
				Yes ◯ No ◯	
				Yes ◯ No ◯	
				Yes ◯ No ◯	
				Yes ◯ No ◯	
				Yes ◯ No ◯	
				Yes ◯ No ◯	
				Yes ◯ No ◯	
				Yes ◯ No ◯	
				Yes ◯ No ◯	
				Yes ◯ No ◯	
				Yes ◯ No ◯	
				Yes ◯ No ◯	
				Yes ◯ No ◯	
				Yes ◯ No ◯	
				Yes ◯ No ◯	
				Yes ◯ No ◯	
				Yes ◯ No ◯	
				Yes ◯ No ◯	

ONE TIME EXPENSE FOR :

Bill Payment	Date Due	Amount Due	Date Paid	Paid	Notes
				Yes ◯ No ◯	
				Yes ◯ No ◯	
				Yes ◯ No ◯	
				Yes ◯ No ◯	
				Yes ◯ No ◯	
				Yes ◯ No ◯	
				Yes ◯ No ◯	
				Yes ◯ No ◯	
				Yes ◯ No ◯	
				Yes ◯ No ◯	
				Yes ◯ No ◯	
				Yes ◯ No ◯	
				Yes ◯ No ◯	
				Yes ◯ No ◯	
				Yes ◯ No ◯	
				Yes ◯ No ◯	
				Yes ◯ No ◯	
				Yes ◯ No ◯	
				Yes ◯ No ◯	
				Yes ◯ No ◯	
				Yes ◯ No ◯	
				Yes ◯ No ◯	
				Yes ◯ No ◯	
				Yes ◯ No ◯	
				Yes ◯ No ◯	
				Yes ◯ No ◯	
				Yes ◯ No ◯	
				Yes ◯ No ◯	
				Yes ◯ No ◯	
				Yes ◯ No ◯	

MONTHLY BILL PLANNER FOR :

Bill Payment	Date Due	Amount Due	Date Paid	Paid	Notes
				Yes ◯ No ◯	
				Yes ◯ No ◯	
				Yes ◯ No ◯	
				Yes ◯ No ◯	
				Yes ◯ No ◯	
				Yes ◯ No ◯	
				Yes ◯ No ◯	
				Yes ◯ No ◯	
				Yes ◯ No ◯	
				Yes ◯ No ◯	
				Yes ◯ No ◯	
				Yes ◯ No ◯	
				Yes ◯ No ◯	
				Yes ◯ No ◯	
				Yes ◯ No ◯	
				Yes ◯ No ◯	
				Yes ◯ No ◯	
				Yes ◯ No ◯	
				Yes ◯ No ◯	
				Yes ◯ No ◯	
				Yes ◯ No ◯	
				Yes ◯ No ◯	
				Yes ◯ No ◯	
				Yes ◯ No ◯	
				Yes ◯ No ◯	
				Yes ◯ No ◯	
				Yes ◯ No ◯	
				Yes ◯ No ◯	
				Yes ◯ No ◯	
				Yes ◯ No ◯	
				Yes ◯ No ◯	
				Yes ◯ No ◯	

ONE TIME EXPENSE FOR :

Bill Payment	Date Due	Amount Due	Date Paid	Paid	Notes
				Yes ◯ No ◯	
				Yes ◯ No ◯	
				Yes ◯ No ◯	
				Yes ◯ No ◯	
				Yes ◯ No ◯	
				Yes ◯ No ◯	
				Yes ◯ No ◯	
				Yes ◯ No ◯	
				Yes ◯ No ◯	
				Yes ◯ No ◯	
				Yes ◯ No ◯	
				Yes ◯ No ◯	
				Yes ◯ No ◯	
				Yes ◯ No ◯	
				Yes ◯ No ◯	
				Yes ◯ No ◯	
				Yes ◯ No ◯	
				Yes ◯ No ◯	
				Yes ◯ No ◯	
				Yes ◯ No ◯	
				Yes ◯ No ◯	
				Yes ◯ No ◯	
				Yes ◯ No ◯	
				Yes ◯ No ◯	
				Yes ◯ No ◯	
				Yes ◯ No ◯	
				Yes ◯ No ◯	
				Yes ◯ No ◯	
				Yes ◯ No ◯	
				Yes ◯ No ◯	

MONTHLY BILL PLANNER FOR :

Bill Payment	Date Due	Amount Due	Date Paid	Paid	Notes
				Yes◯No◯	
				Yes◯No◯	
				Yes◯No◯	
				Yes◯No◯	
				Yes◯No◯	
				Yes◯No◯	
				Yes◯No◯	
				Yes◯No◯	
				Yes◯No◯	
				Yes◯No◯	
				Yes◯No◯	
				Yes◯No◯	
				Yes◯No◯	
				Yes◯No◯	
				Yes◯No◯	
				Yes◯No◯	
				Yes◯No◯	
				Yes◯No◯	
				Yes◯No◯	
				Yes◯No◯	
				Yes◯No◯	
				Yes◯No◯	
				Yes◯No◯	
				Yes◯No◯	
				Yes◯No◯	
				Yes◯No◯	
				Yes◯No◯	
				Yes◯No◯	
				Yes◯No◯	
				Yes◯No◯	

ONE TIME EXPENSE FOR :

Bill Payment	Date Due	Amount Due	Date Paid	Paid	Notes
				Yes ◯ No ◯	
				Yes ◯ No ◯	
				Yes ◯ No ◯	
				Yes ◯ No ◯	
				Yes ◯ No ◯	
				Yes ◯ No ◯	
				Yes ◯ No ◯	
				Yes ◯ No ◯	
				Yes ◯ No ◯	
				Yes ◯ No ◯	
				Yes ◯ No ◯	
				Yes ◯ No ◯	
				Yes ◯ No ◯	
				Yes ◯ No ◯	
				Yes ◯ No ◯	
				Yes ◯ No ◯	
				Yes ◯ No ◯	
				Yes ◯ No ◯	
				Yes ◯ No ◯	
				Yes ◯ No ◯	
				Yes ◯ No ◯	
				Yes ◯ No ◯	
				Yes ◯ No ◯	
				Yes ◯ No ◯	
				Yes ◯ No ◯	
				Yes ◯ No ◯	
				Yes ◯ No ◯	
				Yes ◯ No ◯	
				Yes ◯ No ◯	
				Yes ◯ No ◯	

MONTHLY BILL PLANNER FOR :

Bill Payment	Date Due	Amount Due	Date Paid	Paid	Notes
				Yes ◯ No ◯	
				Yes ◯ No ◯	
				Yes ◯ No ◯	
				Yes ◯ No ◯	
				Yes ◯ No ◯	
				Yes ◯ No ◯	
				Yes ◯ No ◯	
				Yes ◯ No ◯	
				Yes ◯ No ◯	
				Yes ◯ No ◯	
				Yes ◯ No ◯	
				Yes ◯ No ◯	
				Yes ◯ No ◯	
				Yes ◯ No ◯	
				Yes ◯ No ◯	
				Yes ◯ No ◯	
				Yes ◯ No ◯	
				Yes ◯ No ◯	
				Yes ◯ No ◯	
				Yes ◯ No ◯	
				Yes ◯ No ◯	
				Yes ◯ No ◯	
				Yes ◯ No ◯	
				Yes ◯ No ◯	
				Yes ◯ No ◯	
				Yes ◯ No ◯	
				Yes ◯ No ◯	
				Yes ◯ No ◯	
				Yes ◯ No ◯	
				Yes ◯ No ◯	

ONE TIME EXPENSE FOR :

Bill Payment	Date Due	Amount Due	Date Paid	Paid	Notes
				Yes ◯ No ◯	
				Yes ◯ No ◯	
				Yes ◯ No ◯	
				Yes ◯ No ◯	
				Yes ◯ No ◯	
				Yes ◯ No ◯	
				Yes ◯ No ◯	
				Yes ◯ No ◯	
				Yes ◯ No ◯	
				Yes ◯ No ◯	
				Yes ◯ No ◯	
				Yes ◯ No ◯	
				Yes ◯ No ◯	
				Yes ◯ No ◯	
				Yes ◯ No ◯	
				Yes ◯ No ◯	
				Yes ◯ No ◯	
				Yes ◯ No ◯	
				Yes ◯ No ◯	
				Yes ◯ No ◯	
				Yes ◯ No ◯	
				Yes ◯ No ◯	
				Yes ◯ No ◯	
				Yes ◯ No ◯	
				Yes ◯ No ◯	
				Yes ◯ No ◯	
				Yes ◯ No ◯	
				Yes ◯ No ◯	
				Yes ◯ No ◯	
				Yes ◯ No ◯	

MONTHLY BILL PLANNER FOR :

Bill Payment	Date Due	Amount Due	Date Paid	Paid	Notes
				Yes ◯ No ◯	
				Yes ◯ No ◯	
				Yes ◯ No ◯	
				Yes ◯ No ◯	
				Yes ◯ No ◯	
				Yes ◯ No ◯	
				Yes ◯ No ◯	
				Yes ◯ No ◯	
				Yes ◯ No ◯	
				Yes ◯ No ◯	
				Yes ◯ No ◯	
				Yes ◯ No ◯	
				Yes ◯ No ◯	
				Yes ◯ No ◯	
				Yes ◯ No ◯	
				Yes ◯ No ◯	
				Yes ◯ No ◯	
				Yes ◯ No ◯	
				Yes ◯ No ◯	
				Yes ◯ No ◯	
				Yes ◯ No ◯	
				Yes ◯ No ◯	
				Yes ◯ No ◯	
				Yes ◯ No ◯	
				Yes ◯ No ◯	
				Yes ◯ No ◯	
				Yes ◯ No ◯	
				Yes ◯ No ◯	
				Yes ◯ No ◯	
				Yes ◯ No ◯	

ONE TIME EXPENSE FOR :

Bill Payment	Date Due	Amount Due	Date Paid	Paid	Notes
				Yes ○ No ○	
				Yes ○ No ○	
				Yes ○ No ○	
				Yes ○ No ○	
				Yes ○ No ○	
				Yes ○ No ○	
				Yes ○ No ○	
				Yes ○ No ○	
				Yes ○ No ○	
				Yes ○ No ○	
				Yes ○ No ○	
				Yes ○ No ○	
				Yes ○ No ○	
				Yes ○ No ○	
				Yes ○ No ○	
				Yes ○ No ○	
				Yes ○ No ○	
				Yes ○ No ○	
				Yes ○ No ○	
				Yes ○ No ○	
				Yes ○ No ○	
				Yes ○ No ○	
				Yes ○ No ○	
				Yes ○ No ○	
				Yes ○ No ○	
				Yes ○ No ○	
				Yes ○ No ○	
				Yes ○ No ○	
				Yes ○ No ○	

MONTHLY BILL PLANNER FOR :

Bill Payment	Date Due	Amount Due	Date Paid	Paid	Notes
				Yes ◯ No ◯	
				Yes ◯ No ◯	
				Yes ◯ No ◯	
				Yes ◯ No ◯	
				Yes ◯ No ◯	
				Yes ◯ No ◯	
				Yes ◯ No ◯	
				Yes ◯ No ◯	
				Yes ◯ No ◯	
				Yes ◯ No ◯	
				Yes ◯ No ◯	
				Yes ◯ No ◯	
				Yes ◯ No ◯	
				Yes ◯ No ◯	
				Yes ◯ No ◯	
				Yes ◯ No ◯	
				Yes ◯ No ◯	
				Yes ◯ No ◯	
				Yes ◯ No ◯	
				Yes ◯ No ◯	
				Yes ◯ No ◯	
				Yes ◯ No ◯	
				Yes ◯ No ◯	
				Yes ◯ No ◯	
				Yes ◯ No ◯	
				Yes ◯ No ◯	
				Yes ◯ No ◯	
				Yes ◯ No ◯	
				Yes ◯ No ◯	
				Yes ◯ No ◯	
				Yes ◯ No ◯	

ONE TIME EXPENSE FOR :

Bill Payment	Date Due	Amount Due	Date Paid	Paid	Notes
				Yes ◯ No ◯	
				Yes ◯ No ◯	
				Yes ◯ No ◯	
				Yes ◯ No ◯	
				Yes ◯ No ◯	
				Yes ◯ No ◯	
				Yes ◯ No ◯	
				Yes ◯ No ◯	
				Yes ◯ No ◯	
				Yes ◯ No ◯	
				Yes ◯ No ◯	
				Yes ◯ No ◯	
				Yes ◯ No ◯	
				Yes ◯ No ◯	
				Yes ◯ No ◯	
				Yes ◯ No ◯	
				Yes ◯ No ◯	
				Yes ◯ No ◯	
				Yes ◯ No ◯	
				Yes ◯ No ◯	
				Yes ◯ No ◯	
				Yes ◯ No ◯	
				Yes ◯ No ◯	
				Yes ◯ No ◯	
				Yes ◯ No ◯	
				Yes ◯ No ◯	
				Yes ◯ No ◯	
				Yes ◯ No ◯	
				Yes ◯ No ◯	
				Yes ◯ No ◯	
				Yes ◯ No ◯	

MONTHLY BILL PLANNER FOR :

Bill Payment	Date Due	Amount Due	Date Paid	Paid	Notes
				Yes ◯ No ◯	
				Yes ◯ No ◯	
				Yes ◯ No ◯	
				Yes ◯ No ◯	
				Yes ◯ No ◯	
				Yes ◯ No ◯	
				Yes ◯ No ◯	
				Yes ◯ No ◯	
				Yes ◯ No ◯	
				Yes ◯ No ◯	
				Yes ◯ No ◯	
				Yes ◯ No ◯	
				Yes ◯ No ◯	
				Yes ◯ No ◯	
				Yes ◯ No ◯	
				Yes ◯ No ◯	
				Yes ◯ No ◯	
				Yes ◯ No ◯	
				Yes ◯ No ◯	
				Yes ◯ No ◯	
				Yes ◯ No ◯	
				Yes ◯ No ◯	
				Yes ◯ No ◯	
				Yes ◯ No ◯	
				Yes ◯ No ◯	
				Yes ◯ No ◯	
				Yes ◯ No ◯	
				Yes ◯ No ◯	
				Yes ◯ No ◯	
				Yes ◯ No ◯	

ONE TIME EXPENSE FOR :

Bill Payment	Date Due	Amount Due	Date Paid	Paid	Notes
				Yes ◯ No ◯	
				Yes ◯ No ◯	
				Yes ◯ No ◯	
				Yes ◯ No ◯	
				Yes ◯ No ◯	
				Yes ◯ No ◯	
				Yes ◯ No ◯	
				Yes ◯ No ◯	
				Yes ◯ No ◯	
				Yes ◯ No ◯	
				Yes ◯ No ◯	
				Yes ◯ No ◯	
				Yes ◯ No ◯	
				Yes ◯ No ◯	
				Yes ◯ No ◯	
				Yes ◯ No ◯	
				Yes ◯ No ◯	
				Yes ◯ No ◯	
				Yes ◯ No ◯	
				Yes ◯ No ◯	
				Yes ◯ No ◯	
				Yes ◯ No ◯	
				Yes ◯ No ◯	
				Yes ◯ No ◯	
				Yes ◯ No ◯	
				Yes ◯ No ◯	
				Yes ◯ No ◯	
				Yes ◯ No ◯	
				Yes ◯ No ◯	
				Yes ◯ No ◯	

MONTHLY BILL PLANNER FOR :

Bill Payment	Date Due	Amount Due	Date Paid	Paid	Notes
				Yes ◯ No ◯	
				Yes ◯ No ◯	
				Yes ◯ No ◯	
				Yes ◯ No ◯	
				Yes ◯ No ◯	
				Yes ◯ No ◯	
				Yes ◯ No ◯	
				Yes ◯ No ◯	
				Yes ◯ No ◯	
				Yes ◯ No ◯	
				Yes ◯ No ◯	
				Yes ◯ No ◯	
				Yes ◯ No ◯	
				Yes ◯ No ◯	
				Yes ◯ No ◯	
				Yes ◯ No ◯	
				Yes ◯ No ◯	
				Yes ◯ No ◯	
				Yes ◯ No ◯	
				Yes ◯ No ◯	
				Yes ◯ No ◯	
				Yes ◯ No ◯	
				Yes ◯ No ◯	
				Yes ◯ No ◯	
				Yes ◯ No ◯	
				Yes ◯ No ◯	
				Yes ◯ No ◯	
				Yes ◯ No ◯	
				Yes ◯ No ◯	
				Yes ◯ No ◯	
				Yes ◯ No ◯	

ONE TIME EXPENSE FOR :

Bill Payment	Date Due	Amount Due	Date Paid	Paid	Notes
				Yes ◯ No ◯	
				Yes ◯ No ◯	
				Yes ◯ No ◯	
				Yes ◯ No ◯	
				Yes ◯ No ◯	
				Yes ◯ No ◯	
				Yes ◯ No ◯	
				Yes ◯ No ◯	
				Yes ◯ No ◯	
				Yes ◯ No ◯	
				Yes ◯ No ◯	
				Yes ◯ No ◯	
				Yes ◯ No ◯	
				Yes ◯ No ◯	
				Yes ◯ No ◯	
				Yes ◯ No ◯	
				Yes ◯ No ◯	
				Yes ◯ No ◯	
				Yes ◯ No ◯	
				Yes ◯ No ◯	
				Yes ◯ No ◯	
				Yes ◯ No ◯	
				Yes ◯ No ◯	
				Yes ◯ No ◯	
				Yes ◯ No ◯	
				Yes ◯ No ◯	
				Yes ◯ No ◯	
				Yes ◯ No ◯	
				Yes ◯ No ◯	
				Yes ◯ No ◯	
				Yes ◯ No ◯	

MONTHLY BILL PLANNER FOR :

Bill Payment	Date Due	Amount Due	Date Paid	Paid	Notes
				Yes ◯ No ◯	
				Yes ◯ No ◯	
				Yes ◯ No ◯	
				Yes ◯ No ◯	
				Yes ◯ No ◯	
				Yes ◯ No ◯	
				Yes ◯ No ◯	
				Yes ◯ No ◯	
				Yes ◯ No ◯	
				Yes ◯ No ◯	
				Yes ◯ No ◯	
				Yes ◯ No ◯	
				Yes ◯ No ◯	
				Yes ◯ No ◯	
				Yes ◯ No ◯	
				Yes ◯ No ◯	
				Yes ◯ No ◯	
				Yes ◯ No ◯	
				Yes ◯ No ◯	
				Yes ◯ No ◯	
				Yes ◯ No ◯	
				Yes ◯ No ◯	
				Yes ◯ No ◯	
				Yes ◯ No ◯	
				Yes ◯ No ◯	
				Yes ◯ No ◯	
				Yes ◯ No ◯	
				Yes ◯ No ◯	
				Yes ◯ No ◯	
				Yes ◯ No ◯	
				Yes ◯ No ◯	

ONE TIME EXPENSE FOR :

Bill Payment	Date Due	Amount Due	Date Paid	Paid	Notes
				Yes ◯ No ◯	
				Yes ◯ No ◯	
				Yes ◯ No ◯	
				Yes ◯ No ◯	
				Yes ◯ No ◯	
				Yes ◯ No ◯	
				Yes ◯ No ◯	
				Yes ◯ No ◯	
				Yes ◯ No ◯	
				Yes ◯ No ◯	
				Yes ◯ No ◯	
				Yes ◯ No ◯	
				Yes ◯ No ◯	
				Yes ◯ No ◯	
				Yes ◯ No ◯	
				Yes ◯ No ◯	
				Yes ◯ No ◯	
				Yes ◯ No ◯	
				Yes ◯ No ◯	
				Yes ◯ No ◯	
				Yes ◯ No ◯	
				Yes ◯ No ◯	
				Yes ◯ No ◯	
				Yes ◯ No ◯	
				Yes ◯ No ◯	
				Yes ◯ No ◯	
				Yes ◯ No ◯	
				Yes ◯ No ◯	
				Yes ◯ No ◯	
				Yes ◯ No ◯	
				Yes ◯ No ◯	

MONTHLY BILL PLANNER FOR :

Bill Payment	Date Due	Amount Due	Date Paid	Paid	Notes
				Yes ◯ No ◯	
				Yes ◯ No ◯	
				Yes ◯ No ◯	
				Yes ◯ No ◯	
				Yes ◯ No ◯	
				Yes ◯ No ◯	
				Yes ◯ No ◯	
				Yes ◯ No ◯	
				Yes ◯ No ◯	
				Yes ◯ No ◯	
				Yes ◯ No ◯	
				Yes ◯ No ◯	
				Yes ◯ No ◯	
				Yes ◯ No ◯	
				Yes ◯ No ◯	
				Yes ◯ No ◯	
				Yes ◯ No ◯	
				Yes ◯ No ◯	
				Yes ◯ No ◯	
				Yes ◯ No ◯	
				Yes ◯ No ◯	
				Yes ◯ No ◯	
				Yes ◯ No ◯	
				Yes ◯ No ◯	
				Yes ◯ No ◯	
				Yes ◯ No ◯	
				Yes ◯ No ◯	
				Yes ◯ No ◯	
				Yes ◯ No ◯	
				Yes ◯ No ◯	
				Yes ◯ No ◯	

ONE TIME EXPENSE FOR :

Bill Payment	Date Due	Amount Due	Date Paid	Paid	Notes
				Yes ◯ No ◯	
				Yes ◯ No ◯	
				Yes ◯ No ◯	
				Yes ◯ No ◯	
				Yes ◯ No ◯	
				Yes ◯ No ◯	
				Yes ◯ No ◯	
				Yes ◯ No ◯	
				Yes ◯ No ◯	
				Yes ◯ No ◯	
				Yes ◯ No ◯	
				Yes ◯ No ◯	
				Yes ◯ No ◯	
				Yes ◯ No ◯	
				Yes ◯ No ◯	
				Yes ◯ No ◯	
				Yes ◯ No ◯	
				Yes ◯ No ◯	
				Yes ◯ No ◯	
				Yes ◯ No ◯	
				Yes ◯ No ◯	
				Yes ◯ No ◯	
				Yes ◯ No ◯	
				Yes ◯ No ◯	
				Yes ◯ No ◯	
				Yes ◯ No ◯	
				Yes ◯ No ◯	
				Yes ◯ No ◯	
				Yes ◯ No ◯	

MONTHLY BILL PLANNER FOR :

Bill Payment	Date Due	Amount Due	Date Paid	Paid	Notes
				Yes ◯ No ◯	
				Yes ◯ No ◯	
				Yes ◯ No ◯	
				Yes ◯ No ◯	
				Yes ◯ No ◯	
				Yes ◯ No ◯	
				Yes ◯ No ◯	
				Yes ◯ No ◯	
				Yes ◯ No ◯	
				Yes ◯ No ◯	
				Yes ◯ No ◯	
				Yes ◯ No ◯	
				Yes ◯ No ◯	
				Yes ◯ No ◯	
				Yes ◯ No ◯	
				Yes ◯ No ◯	
				Yes ◯ No ◯	
				Yes ◯ No ◯	
				Yes ◯ No ◯	
				Yes ◯ No ◯	
				Yes ◯ No ◯	
				Yes ◯ No ◯	
				Yes ◯ No ◯	
				Yes ◯ No ◯	
				Yes ◯ No ◯	
				Yes ◯ No ◯	
				Yes ◯ No ◯	
				Yes ◯ No ◯	
				Yes ◯ No ◯	
				Yes ◯ No ◯	
				Yes ◯ No ◯	

ONE TIME EXPENSE FOR :

Bill Payment	Date Due	Amount Due	Date Paid	Paid	Notes
				Yes ◯ No ◯	
				Yes ◯ No ◯	
				Yes ◯ No ◯	
				Yes ◯ No ◯	
				Yes ◯ No ◯	
				Yes ◯ No ◯	
				Yes ◯ No ◯	
				Yes ◯ No ◯	
				Yes ◯ No ◯	
				Yes ◯ No ◯	
				Yes ◯ No ◯	
				Yes ◯ No ◯	
				Yes ◯ No ◯	
				Yes ◯ No ◯	
				Yes ◯ No ◯	
				Yes ◯ No ◯	
				Yes ◯ No ◯	
				Yes ◯ No ◯	
				Yes ◯ No ◯	
				Yes ◯ No ◯	
				Yes ◯ No ◯	
				Yes ◯ No ◯	
				Yes ◯ No ◯	
				Yes ◯ No ◯	
				Yes ◯ No ◯	
				Yes ◯ No ◯	
				Yes ◯ No ◯	
				Yes ◯ No ◯	
				Yes ◯ No ◯	
				Yes ◯ No ◯	

MONTHLY BILL PLANNER FOR :

Bill Payment	Date Due	Amount Due	Date Paid	Paid	Notes
				Yes ◯ No ◯	
				Yes ◯ No ◯	
				Yes ◯ No ◯	
				Yes ◯ No ◯	
				Yes ◯ No ◯	
				Yes ◯ No ◯	
				Yes ◯ No ◯	
				Yes ◯ No ◯	
				Yes ◯ No ◯	
				Yes ◯ No ◯	
				Yes ◯ No ◯	
				Yes ◯ No ◯	
				Yes ◯ No ◯	
				Yes ◯ No ◯	
				Yes ◯ No ◯	
				Yes ◯ No ◯	
				Yes ◯ No ◯	
				Yes ◯ No ◯	
				Yes ◯ No ◯	
				Yes ◯ No ◯	
				Yes ◯ No ◯	
				Yes ◯ No ◯	
				Yes ◯ No ◯	
				Yes ◯ No ◯	
				Yes ◯ No ◯	
				Yes ◯ No ◯	
				Yes ◯ No ◯	
				Yes ◯ No ◯	
				Yes ◯ No ◯	
				Yes ◯ No ◯	
				Yes ◯ No ◯	

ONE TIME EXPENSE FOR :

Bill Payment	Date Due	Amount Due	Date Paid	Paid	Notes
				Yes ○ No ○	
				Yes ○ No ○	
				Yes ○ No ○	
				Yes ○ No ○	
				Yes ○ No ○	
				Yes ○ No ○	
				Yes ○ No ○	
				Yes ○ No ○	
				Yes ○ No ○	
				Yes ○ No ○	
				Yes ○ No ○	
				Yes ○ No ○	
				Yes ○ No ○	
				Yes ○ No ○	
				Yes ○ No ○	
				Yes ○ No ○	
				Yes ○ No ○	
				Yes ○ No ○	
				Yes ○ No ○	
				Yes ○ No ○	
				Yes ○ No ○	
				Yes ○ No ○	
				Yes ○ No ○	
				Yes ○ No ○	
				Yes ○ No ○	
				Yes ○ No ○	
				Yes ○ No ○	
				Yes ○ No ○	
				Yes ○ No ○	
				Yes ○ No ○	
				Yes ○ No ○	

MONTHLY BILL PLANNER FOR :

Bill Payment	Date Due	Amount Due	Date Paid	Paid	Notes
				Yes ◯ No ◯	
				Yes ◯ No ◯	
				Yes ◯ No ◯	
				Yes ◯ No ◯	
				Yes ◯ No ◯	
				Yes ◯ No ◯	
				Yes ◯ No ◯	
				Yes ◯ No ◯	
				Yes ◯ No ◯	
				Yes ◯ No ◯	
				Yes ◯ No ◯	
				Yes ◯ No ◯	
				Yes ◯ No ◯	
				Yes ◯ No ◯	
				Yes ◯ No ◯	
				Yes ◯ No ◯	
				Yes ◯ No ◯	
				Yes ◯ No ◯	
				Yes ◯ No ◯	
				Yes ◯ No ◯	
				Yes ◯ No ◯	
				Yes ◯ No ◯	
				Yes ◯ No ◯	
				Yes ◯ No ◯	
				Yes ◯ No ◯	
				Yes ◯ No ◯	
				Yes ◯ No ◯	
				Yes ◯ No ◯	
				Yes ◯ No ◯	
				Yes ◯ No ◯	
				Yes ◯ No ◯	
				Yes ◯ No ◯	

ONE TIME EXPENSE FOR :

Bill Payment	Date Due	Amount Due	Date Paid	Paid	Notes
				Yes ◯ No ◯	
				Yes ◯ No ◯	
				Yes ◯ No ◯	
				Yes ◯ No ◯	
				Yes ◯ No ◯	
				Yes ◯ No ◯	
				Yes ◯ No ◯	
				Yes ◯ No ◯	
				Yes ◯ No ◯	
				Yes ◯ No ◯	
				Yes ◯ No ◯	
				Yes ◯ No ◯	
				Yes ◯ No ◯	
				Yes ◯ No ◯	
				Yes ◯ No ◯	
				Yes ◯ No ◯	
				Yes ◯ No ◯	
				Yes ◯ No ◯	
				Yes ◯ No ◯	
				Yes ◯ No ◯	
				Yes ◯ No ◯	
				Yes ◯ No ◯	
				Yes ◯ No ◯	
				Yes ◯ No ◯	
				Yes ◯ No ◯	
				Yes ◯ No ◯	
				Yes ◯ No ◯	
				Yes ◯ No ◯	
				Yes ◯ No ◯	
				Yes ◯ No ◯	
				Yes ◯ No ◯	

MONTHLY BILL PLANNER FOR :

Bill Payment	Date Due	Amount Due	Date Paid	Paid	Notes
				Yes ◯ No ◯	
				Yes ◯ No ◯	
				Yes ◯ No ◯	
				Yes ◯ No ◯	
				Yes ◯ No ◯	
				Yes ◯ No ◯	
				Yes ◯ No ◯	
				Yes ◯ No ◯	
				Yes ◯ No ◯	
				Yes ◯ No ◯	
				Yes ◯ No ◯	
				Yes ◯ No ◯	
				Yes ◯ No ◯	
				Yes ◯ No ◯	
				Yes ◯ No ◯	
				Yes ◯ No ◯	
				Yes ◯ No ◯	
				Yes ◯ No ◯	
				Yes ◯ No ◯	
				Yes ◯ No ◯	
				Yes ◯ No ◯	
				Yes ◯ No ◯	
				Yes ◯ No ◯	
				Yes ◯ No ◯	
				Yes ◯ No ◯	
				Yes ◯ No ◯	
				Yes ◯ No ◯	
				Yes ◯ No ◯	
				Yes ◯ No ◯	

ONE TIME EXPENSE FOR :

Bill Payment	Date Due	Amount Due	Date Paid	Paid	Notes
				Yes ◯ No ◯	
				Yes ◯ No ◯	
				Yes ◯ No ◯	
				Yes ◯ No ◯	
				Yes ◯ No ◯	
				Yes ◯ No ◯	
				Yes ◯ No ◯	
				Yes ◯ No ◯	
				Yes ◯ No ◯	
				Yes ◯ No ◯	
				Yes ◯ No ◯	
				Yes ◯ No ◯	
				Yes ◯ No ◯	
				Yes ◯ No ◯	
				Yes ◯ No ◯	
				Yes ◯ No ◯	
				Yes ◯ No ◯	
				Yes ◯ No ◯	
				Yes ◯ No ◯	
				Yes ◯ No ◯	
				Yes ◯ No ◯	
				Yes ◯ No ◯	
				Yes ◯ No ◯	
				Yes ◯ No ◯	
				Yes ◯ No ◯	
				Yes ◯ No ◯	
				Yes ◯ No ◯	
				Yes ◯ No ◯	
				Yes ◯ No ◯	
				Yes ◯ No ◯	
				Yes ◯ No ◯	

MONTHLY BILL PLANNER FOR :

Bill Payment	Date Due	Amount Due	Date Paid	Paid	Notes
				Yes ◯ No ◯	
				Yes ◯ No ◯	
				Yes ◯ No ◯	
				Yes ◯ No ◯	
				Yes ◯ No ◯	
				Yes ◯ No ◯	
				Yes ◯ No ◯	
				Yes ◯ No ◯	
				Yes ◯ No ◯	
				Yes ◯ No ◯	
				Yes ◯ No ◯	
				Yes ◯ No ◯	
				Yes ◯ No ◯	
				Yes ◯ No ◯	
				Yes ◯ No ◯	
				Yes ◯ No ◯	
				Yes ◯ No ◯	
				Yes ◯ No ◯	
				Yes ◯ No ◯	
				Yes ◯ No ◯	
				Yes ◯ No ◯	
				Yes ◯ No ◯	
				Yes ◯ No ◯	
				Yes ◯ No ◯	
				Yes ◯ No ◯	
				Yes ◯ No ◯	
				Yes ◯ No ◯	
				Yes ◯ No ◯	
				Yes ◯ No ◯	
				Yes ◯ No ◯	
				Yes ◯ No ◯	

ONE TIME EXPENSE FOR :

Bill Payment	Date Due	Amount Due	Date Paid	Paid	Notes
				Yes ○ No ○	
				Yes ○ No ○	
				Yes ○ No ○	
				Yes ○ No ○	
				Yes ○ No ○	
				Yes ○ No ○	
				Yes ○ No ○	
				Yes ○ No ○	
				Yes ○ No ○	
				Yes ○ No ○	
				Yes ○ No ○	
				Yes ○ No ○	
				Yes ○ No ○	
				Yes ○ No ○	
				Yes ○ No ○	
				Yes ○ No ○	
				Yes ○ No ○	
				Yes ○ No ○	
				Yes ○ No ○	
				Yes ○ No ○	
				Yes ○ No ○	
				Yes ○ No ○	
				Yes ○ No ○	
				Yes ○ No ○	
				Yes ○ No ○	
				Yes ○ No ○	
				Yes ○ No ○	
				Yes ○ No ○	
				Yes ○ No ○	
				Yes ○ No ○	

MONTHLY BILL PLANNER FOR :

Bill Payment	Date Due	Amount Due	Date Paid	Paid	Notes
				Yes ◯ No ◯	
				Yes ◯ No ◯	
				Yes ◯ No ◯	
				Yes ◯ No ◯	
				Yes ◯ No ◯	
				Yes ◯ No ◯	
				Yes ◯ No ◯	
				Yes ◯ No ◯	
				Yes ◯ No ◯	
				Yes ◯ No ◯	
				Yes ◯ No ◯	
				Yes ◯ No ◯	
				Yes ◯ No ◯	
				Yes ◯ No ◯	
				Yes ◯ No ◯	
				Yes ◯ No ◯	
				Yes ◯ No ◯	
				Yes ◯ No ◯	
				Yes ◯ No ◯	
				Yes ◯ No ◯	
				Yes ◯ No ◯	
				Yes ◯ No ◯	
				Yes ◯ No ◯	
				Yes ◯ No ◯	
				Yes ◯ No ◯	
				Yes ◯ No ◯	
				Yes ◯ No ◯	
				Yes ◯ No ◯	
				Yes ◯ No ◯	
				Yes ◯ No ◯	

ONE TIME EXPENSE FOR :

Bill Payment	Date Due	Amount Due	Date Paid	Paid	Notes
				Yes ◯ No ◯	
				Yes ◯ No ◯	
				Yes ◯ No ◯	
				Yes ◯ No ◯	
				Yes ◯ No ◯	
				Yes ◯ No ◯	
				Yes ◯ No ◯	
				Yes ◯ No ◯	
				Yes ◯ No ◯	
				Yes ◯ No ◯	
				Yes ◯ No ◯	
				Yes ◯ No ◯	
				Yes ◯ No ◯	
				Yes ◯ No ◯	
				Yes ◯ No ◯	
				Yes ◯ No ◯	
				Yes ◯ No ◯	
				Yes ◯ No ◯	
				Yes ◯ No ◯	
				Yes ◯ No ◯	
				Yes ◯ No ◯	
				Yes ◯ No ◯	
				Yes ◯ No ◯	
				Yes ◯ No ◯	
				Yes ◯ No ◯	
				Yes ◯ No ◯	
				Yes ◯ No ◯	
				Yes ◯ No ◯	
				Yes ◯ No ◯	
				Yes ◯ No ◯	